내가 없으면 좋겠어?

그림 김주리

홍익대학에서 섬유미술을 졸업하고 힐스에서 일러스트레이션을 공부한 후 그림책의 매력에 빠져 줄곧 그림을 그려 왔습니다. 그린 책으로는 〈가마솥과 뚝배기에 담긴 우리 음식 이야기〉, 〈마루와 온돌이랑 신기한 한옥 이야기〉, 〈꿈틀꿈틀 흙이 있어요〉, 〈심청전〉, 〈노래로 배우는 기초탄탄 과학송〉, 〈소중한 나의 몸 특별한 나의 꿈〉, 〈매미의 집중〉 등이 있습니다.

햇살어린이_52 내가 없으면 좋겠어?

글 임어진·윤혜숙·김일옥·송아주·장세정 | 그림 김주리

펴낸날 2018년 5월 10일 초판1쇄 | 2025년 11월 1일 초판3쇄
펴낸이 김남호 | 펴낸곳 현북스
출판등록일 2010년 11월 11일 | 제313-2010-333호
주소 07207 서울시 영등포구 양평로 157, 투웨니퍼스트밸리 801호
전화 02)3141-7277 | 팩스 02)3141-7278
홈페이지 http://www.hyunbooks.co.kr | 인스타그램 hyunbooks
ISBN 979-11-5741-130-6 74810 ISBN 978-89-97175-27-7 (세트)

편집 노계순 | 디자인 정진선 김영미 | 마케팅 송유근

글 ⓒ 임어진·윤혜숙·김일옥·송아주·장세정 2018
이 책은 저작권법에 의하여 보호를 받는 저작물이므로 무단 전재 및 복제를 금지하며,
이 책 내용의 전부 또는 일부를 이용하려면 반드시 저작권자와 현북스의 허락을 받아야 합니다.

햇살어린이는 눈과 마음을 환히 밝혀 주는 현북스의 어린이 책입니다.

⚠주의 종이에 베이거나 긁히지 않도록 조심하세요. 책 모서리가 날카로우니 던지거나 떨어뜨리지 마세요.

# 내가
# 없으면
# 좋겠어?

임어진 윤혜숙 김일옥 송아주 장세정 글
김주리 그림

현북스

차례

8차선 횡단보도 _임어진   7

어쩌다 보니 할아버지 _윤혜숙   39

인기투표 _김일옥   75

오 모둠 냄새 _송아주   105

불법 사람 _장세정   133

작가의 말   164
남에게 공감할 줄 알아야 행복해져요!

# 8차선 횡단보도

임어진

8차선 횡단보도는 오늘도 변함없이 길어 보였다.
아무리 해도 초록불이 끝나기 전에 건너편에 이르지 못할 것 같다는
느낌이 또 들었다. 다 건너지도 못한 채 빨간불로 바뀌고
나는 길 한가운데 그대로 갇혀 버릴 것만 같았다.

"정말 아무도 없어? 하고 싶은 사람!"

선생님 말에 아이들은 아무 말이 없었다. 그때 알아챘어야 했다. 자신 아닌 누구든 상관없지만 나 정민우는 빼고 생각했다는 걸. 회장을 하던 서준이가 학기 중간에 외국으로 가 버린 뒤 새 회장을 뽑아야 했을 때 말이다.

아이들은 반토막 회장 노릇을 심드렁하게 여기는 것 같았다. 지금 맡아 봐야 귀찮은 일만 많다는 말도 들렸다. 공부 시간 뺏긴다며 엄마가 임원 맡지 말라고 했다는 아이들도 있었다.

"그래도 누군가는 나서서 봉사를 해 줘야지. 안 그래?"

선생님이 다시 한 번 말했지만 아이들은 잠잠했다. 나는 망설이다 손을 들었다.

'할 사람이 없으면……'

옆 모둠 소미가 살짝 웃어 보였다. 가까이 앉아 있던 성호는 엄지를 슬쩍 들어 올렸다. 하지만 다른 아이들은 모두 뜻밖이라는 듯 나를 돌아보았다. 눈빛들이 묻고 있는 것 같았다.

'불편한 몸으로 할 수 있겠어?'

나는 그건 문제가 안 된다고 생각했다. 걷는 데 조금 오래 걸리고, 할 수 없는 운동들이 있고, 그 차이일 뿐이라고 생각했다.

그 생각이 잘못된 것이었을까? 그런 고민이 고개를 드는 데는 시간이 얼마 걸리지 않았다. 처음부터 '네가?' 하던 아이들은, 선생님이 전체 동의로 인정하고 나에게 회장을 맡긴 뒤에도 못미더운 표정이 여전했다. 진심으로 다 동의한 게 아니었다.

"정민우. 회장하기 쉽다, 그치?"

"냅 둬. 이럴 때 함 해 보는 거지. 아님 언제 해 보겠냐?"

아이들을 제 마음대로 휘둘러야 직성이 풀리는 용태와 똘마니처럼 따라다니는 종모가 바로 깐족거리기 시작했다.

"근데 너 회장이 뭐 하는 건지는 아냐?"

나는 가만히 있으려다 안 되겠어서 한마디 했다.

"알아. 4학년 때도 해 봤어."

내 대꾸에 둘은 놀라는 시늉을 했다.

"오오! 양지에서는 아무나 회장 해도 되나 보지?"

"아무나, 아니야."

내 말은 용태와 종모에게 그저 말꼬리 잡기 빌미거리일 뿐이었다.

"아무나가 아니셨어? 양지 대애단하다!"

용태와 종모가 말한 양지는 지난겨울까지 내가 다녔던 우리 동네 초등학교였다. 근처에 일품아파트가 새로 들어서면서 그 옆에 있는 이 빛남초등학교로 아이들이 대부분 전학을 오는 바람에 문을 닫은 낡은 학교다.

"근데 솔직히 거기서 회장 한 것도 회장으로 인정해 줘야 하냐?"

용태와 종모는 양지초에서 온 아이들을 물이 다르다며 놀렸다. 한두 번 들은 게 아닌데도 익숙해지지 않는 말이었다. 처음부터 빛남초에 다니고 있었던 게 그렇게 대단한 건지 나로서는 이해가 되지 않았다. 용태와 종모는 양지초에서 전학 온 내가 다리까지 불편하자 틈만 나면 걸고넘어졌다.

양지 얘기까지만 했으면 나도 가만히 있으려고 했다. 용태와 종모는 멈출 줄 몰랐다.

"근데 너 체육은 어떻게 할 건데? 다른 반하고 시합할 때 회장이 빠져도 되는 거냐?"

"우리 반이 지면 어떻게 책임질 거냐고!"

나는 어이없는 얼굴로 둘을 보았다.

"그걸 왜 회장이 책임져야 해?"

둘은 잠시 멈칫하더니 곧 입가에 비웃음을 띠었다.

"그런 생각으로 회장을 하시겠다? 우리 반 시합은 끝났네."

"얘들아! 너희들 반 대항 시합은 기대 접어라. 회장이 이겨서 뭐 하냐."

용태와 종모는 내 말을 이상하게 비틀어 떠들어 댔다. 다른 아이들이 그 말을 그대로 받아들이는 분위기는 아니었지만 소미와 성호 빼고는 나를 바라보는 표정이 좋지 않았다.

나는 얼굴이 벌게진 채 무슨 말도 더 할 수 없었다. 어떤 말을 보태도 아이들 눈빛은 달라질 것 같지 않았다.

3교시 체육 시간이 끝나 가고 있었다. 1반과의 피구 시합은 오늘도 우리 2반이 질 게 분명했다. 1반 쪽은 아직도 열 명이 넘게 살아 기세가 짱짱했다. 우리 반 쪽은 두 명뿐이었다. 금 밖에 서서 입을 내밀고 있는 우리 반 아이들 표정이 다 보였다. 어깨들도 처져 있었다. 아이들은 이제 곧 한목소리로 말하고 싶어 할 것이다.

'거 봐. 회장 때문에 진다고 했잖아!'

나는 창가에서 돌아서서 자리로 갔다. 두 다리가 뜻대로 움직여 주지 않아 어깨가 흔들렸지만, 지금은 아무래도 상관없었다. 교실에는 어차피 나 혼자였다.

어릴 때 그 사고만 아니었으면 나도 지금처럼 교실에 혼자 있지는 않았을 거다. 아이들과 어울려 저렇게 피구도 하고 얼마든지 신나게 뛰어다녔을 거다. 회장이 시합을 같이 하지 않아서 불리했다는 식의 아이들 표정 같은 건 안 볼 수 있었을 거다.

아니, 처음부터 회장 같은 건 역시 안 맡아야 했는지도 모른다.

"따아 따아따라 따라라라라!"

수업이 끝나는 음악 소리가 들렸다. 그 소리와 함께 복도에서 우당탕 소리가 났다. 옆 반 아이들이 교실 문을 열고 복도로 쏟아져 나오는 소리였다. 잠시 뒤 우리 반 교실 뒷문도 화들짝 열리며 아이들이 뛰어 들어왔다. 와글대는 잡담 소리와 함께 아이들 땀 냄새 먼지 냄새가 금세 교실을 메웠다. 씻고 물 묻은 얼굴 그대로 들어오는 아이들도 있었다. 아이들은 교실 한가운데에 섬처럼 혼자 앉아 있던 나에게 얼핏 눈길들을 보냈다. 그러다 곧 알아들을 수 없는 입속말로 구시렁대며 제자리로 갔다.

용태와 종모 목소리는 사뭇 컸다. 웬일로 나에게 관심을 보이지 않고 저희끼리 얘기하기 바빴다.

"야, 그럼 진짜 양지 자리에 그거 들어오는 거야?"

"그래서 안 된다고 막을 거라잖아. 내일도 거기서 뭐 한다 그랬는데. 우리도 함 가 볼까?"

둘은 열심히 얘기하며 자리로 갔다. 나도 엄마에게 들어 알고 있는 얘기였다. 양지초 자리에 특수학교를 세우려 한다는 거였다.

"민우네도 동의해 줄 거지요?"

며칠 전 옆 동 지훈이 형네 아줌마가 형 휠체어를 밀며 마트에서 나오다가 우리랑 마주치자 인사 끝에 말했다. 지훈이 형도 휠체어에 앉은 채 나를 보고 알은체를 했다.

"미이이인우우야아."

형은 몸이 많이 불편해 휠체어가 없으면 꼼짝도 못 했다. 그래도 어디든 자꾸 가고 싶어 해 아줌마가 휠체어에 태우고 자주 나왔다. 휠체어 손잡이에는 올망졸망한 비닐 봉지들이랑 장바구니가 걸려 있었다. 마트에 오기 전에 벌써 몇 군데 가게에 들러 장을 본 것 같았다. 지훈이 형 무릎 위에는 찹쌀 도넛 봉지가 놓여 있었다. 형이 좋아해 그 봉지는 늘 형이 무릎 위에 따로 들고 있는 걸 여러 번 봤다. 나는 엄마 뒤에서 무심코 따라 들어가다 형 인사에 어정쩡하게 얼버무리고 말았다.

"어……."

엄마는 아줌마와 종종 얘기를 나누는 편이라 한두 마디로 다 알아듣고는 곧 길을 비켜 줬다.

"당연하죠. 다음에 또 봬요."

엄마 말에 아줌마가 나를 보고 살짝 웃더니 형 휠체어를 밀고 갔다.

"또 보자, 민우야."

형도 그 말을 따라 하는 소리가 들렸다.

"또오오 보오자아아, 미이이인우우야아아."

나는 형 말을 머리에서 지우며 마트 안으로 서둘러 들어갔다.

"뭘 동의해 달라는 거야?"

아까 아줌마가 한 말이 무슨 소리냐고 엄마에게 물어보는 거였다.

"으응, 너 다녔던 양지초 자리에 장애인 특수학교를 만들어 달라고 아줌마가 여기저기 얘기하고 있어."

나는 아무 대꾸도 하지 않았다. 장애인이라는 말이 아직도 나는 익숙해지지가 않았다.

엄마 생각은 달랐다. 그 부모들 심정을 알 것 같다고 했다. 그게 나는 더 못마땅했다.

'나도 이제 장애인이라서?'

그날 저녁 아빠가 퇴근길에 듣고 온 얘기를 해 주었다. 보기만 하면 아빠에게 '동생!' 소리를 하며 친근하게 대하는 위층 아저씨가 현관에서 마주치자 특수학교 얘기를 또 했다는 거다.

"여기에 무슨 특수학교냐고 성화를 하시던걸. 이제야 동네가 좀 번듯해지고 있는데 주민들이 좋아하겠냐고 하면서……."

특수학교 소문은 아무튼 벌써 꽤 많이 퍼져 있었다.

다음 날 5교시는 다도 실습 시간이었다. 다른 학교에서는 잘 하지 않는 수업인데, 빛남초는 교장 선생님의 강력한 의지로 몇 년째 해 오고 있었다.

"사람 사이의 예절을 배우는 데는 역시 다도가 최고입니다!"

그렇다면 용태와 종모는 이 수업을 받지 않았음에 틀림없다고 나는 생각했다. 다도 수업을 하고 나면 용태와 종모도 어쩌면 달라지지 않을까? 나는 예절실로 이동하라는 담임 선생님 지시를 들으며 자리에서 일어났다.

오늘은 엄마도 학교에 오는 날이었다. 다도 실습 시간에 도와주는 명예교사 선생님으로 말이다. 다도 시간은 담임 선생님이 안 들어오고, 명예교사 어머니들이 돌아가면서 하루 선생님으로 수업을 이끌게 되어 있었다. 엄마도 그 선생님들 가운데 한 사람이었다.

예절실에는 한복을 입은 명예교사 어머니들 대여섯 명이 기다리고 있었다. 엄마도 같이 서 있었다. 엄마는 나와 눈이 마주쳤지만 살짝 웃어만 주고 아이들 쪽으로 눈길을 돌렸다.

아이들은 조용한 예절실 분위기에 눌려 잠깐 동안 얌전히 있었다. 하지만 몇 분 지나지 않아 곧 들썩대기 시작했다. 점심시간에 운동장에서 한껏 뛰어다니다 들어온 참이라 차분해지기가 더 어려운 것 같았다.

명예교사 회장님이 앞에 나와 조용히 하라고 타이르며 아이들을 모둠별로 앉게 했다. 수업이 시작됐다.

"이제부터 차 마시는 법을 배워 봅시다."

명예교사 회장님이 앞에서 녹차의 여러 가지 좋은 점을 설명했다.

"녹차를 날마다 꾸준히 마시면 암도 예방해 주고, 피부도 고와진답니다."

아이들이 서로를 보며 "오오!" 하고 괜히 감탄하는 시늉들을 했다.

"또 녹차는 살찌는 것도 막아 주고, 기억력도 좋게 해 준다고 해요."

애들이 더욱 소란스럽게 상대방을 손가락으로 가리켰다.

"너 많이 마시래."

"아냐, 너야!"

다음은 녹차 마시는 방법이랑 순서를 배울 차례였다. 다른 어머니 선생님들이 아이들이 순서대로 따라 할 수 있게 도와주려고, 모둠별로 한 명씩 끼어 앉았다. 엄마는 망설이다가 우리 모둠으로 들어왔다. 나는 속으로 반가웠지만, 잠자코 있었다. 아이들이 내 엄마인 줄 모르니까 나도 모른 척 가만히 있을 참이었다.

엄마가 녹차 마시는 방법과 순서를 간단히 설명했다.

"녹차 대접하는 주인을 팽주라고 해. 팽주가 찻잔에 차를 우려서 따라 줄 때까지 손님은 얌전하게 기다리는 거야. 팽주는 차를 한 번에 가득 따라서는 안 되고, 세 번에 나눠서 돌아가며 따라야 해. 어때? 할 수 있겠지?"

용태가 툴툴거렸다.

"어휴, 골치 아파. 빨리 꿀떡이나 줘요."

용태는 곁들여 먹으라고 옆에 갖다 둔 꿀떡에만 관심을 보였다. 나는 다른 모둠 애들은 어떻게 하고 있나 슬쩍 둘러봤다. 다른 모둠 아이들은 그런 대로 재미있게 따라 하고 있었다. 점잖은 주인이나 손님 행세를 하는 모습들이 소꿉놀이처럼 보이기도 했다. 옆 모둠 소미는 나하고 눈이 마주치자 생긋 웃었다.

엄마가 우리 모둠 아이들을 둘러보며 다시 말했다.

"너희도 어서 해야지. 누가 팽주를 한번 해 볼까?"

아이들은 시큰둥했다. 장난에는 늘 앞장서던 용태도 마찬가지였다.

"귀찮게 그런 걸 뭐 하러 해요. 그냥 떡이나 줘요."

애들이 아무도 안 하겠다고 하자 엄마가 곤란한 표정을 했다. 나는 좀 자신이 없었지만, 용기를 내서 손을 들었다. 맞은편 성호 눈이 반짝했다. 엄마도 얼굴이 와락 밝아졌다.

"그래, 한번 해 볼래?"

내가 고개를 끄덕이자 용태가 피식거렸다.

"어쭈, 정민우. 회장이라 이거지?"

"또 나서시네. 저 양지의 도전! 과연 성공할 수 있을 것인가?"

종태가 낄낄거렸다. 나는 그런 놀림 같은 건 상관없었다. 배운 대로 해낼 수 없을까 봐 조금 떨릴 뿐이었다. 작은 나무 숟가락으로 차통에서 차를 떠서 다관에 담아야 하는데, 찻잎이 좀 흘렀다. 엄마도 도와주면서 조금 손을 떨고 있었다.

용태가 빨리 꿀떡을 달라고 졸랐지만, 엄마는 조용히 타일렀다.

"차가 우러나도록 기다려야 해. 그래야 맛있는 차를 마실 수 있어."

잠시 시간이 흘렀다.

"이제 됐다. 차를 따라 줘."

나는 다관을 들고 아이들 찻잔에 조심조심 차를 따르기 시작했다. 그런데 설명 들은 걸 깜빡 잊고 첫 잔에 그만 가득 부어 버렸다. 용태가 바로 인상을 구겼다.

"어휴, 병신! 제대로 하지도 못해."

종모도 까불대며 놀렸다.

"냅 둬 봐. 혼자 잘 놀고 있는데 뭐."

나는 팔이 자꾸 뻣뻣해졌다. 조심하려고 애쓰다 보니 더 어색했다. 엄마 얼굴도 굳어졌다. 엄마는 목소리를 가다듬고 아이들을 달랬다.

"얘들아, 조금만 기다려 줄래? 처음 배운 걸 잘하긴 누구나 어렵잖니."

종모가 냉큼 말대답을 했다.

"아녜요. 쟤만 그래요. 쟤는 바보들 다니던 양지에서 왔거든요."

엄마는 어이가 없는지 종모를 뚫어지게 보기만 했다. 나는 종모에게 한마디 했다.

"그럼, 이제 네가 해."

종모는 촉새처럼 잽싸게 대꾸했다.

"내가 왜 해? 난 천재라서 이런 거 안 배워도 돼."

엄마는 가볍게 한숨을 내쉬었다. 용태가 옆에서 빨리 꿀떡 달라고 졸라댔다. 엄마가 나에게인지, 엄마 스스로에게인지 나직나직 말했다.

"천천히 하면 돼. 그래, 서두를 거 없어. 지금까지 잘했잖아."

나는 간신히 찻잔들을 다 채웠다. 찻잔마다 노란 찻물이 찰랑거렸다. 엄마는 비로소 마음이 놓이는지 밝게 웃었다.

"아, 다 따랐구나. 그럼 이제 친구들에게 한 잔씩 건네줘라. 두 손으로 주고, 받는 사람도 두 손으로 받고."

나는 엄마 말대로 찻잔 하나를 잔 받침에 받쳐 아이들 앞으로 내밀었다. 그런데 아이들은 찻잔을 받으려고 하지 않았다. 성호만 손을 내밀려다 다른 애들 눈치에 움츠리고 있었다. 용태는 코를 감싸 쥐면서 뒤로 물러앉는 시늉까지 했다.

"으웩! 정민우 코딱지 후빈 손으로 그냥 했어."

종모도 덩달아 수선을 피웠다.

"으윽, 드러워. 난 안 먹어."

나는 멈칫했지만, 다시 아이들 앞에 찻잔을 내밀었다.

"아니야. 안 더러워."

용태가 눈을 부라렸다.

"너나 실컷 먹어, 새끼야."

나는 주춤해서 찻잔을 도로 내려놓으며 엄마 얼굴을 훔쳐보았다. 엄마는, 떨고 있었다. 눈도, 입술도, 손도……. 나는 엄마가 어쩌면 갑자기 주먹을 뻗어 아이들을 한 대씩 때릴지도 모른다는 생각이 들었다. 엄마는 결코 누구를 때릴 사람이 아니지만, 지금은 꼭 그럴 것만 같았다. 아니, 울 것 같았다. 더 참지 못하고 울어 버릴 것만 같았다.

그런데 엄마는 이 말만 했다.

"사람한테…… 어떻게 그런 말을 하니?"

용태는 입을 비죽거렸다. 종모가 혀를 쏙 내밀었다. 성호는 얼굴이 벌게져 있었다. 나는 엉겁결에 들고 있던 찻잔을 엄마에게 내밀었다. 엄마는 잠시 어떻게 해야 할지 모른 채 나를 바라보기만 했다. 엄마 눈이 새빨개졌다.

"안 더러워요. 드셔 보세요."

나는 한 번 더 엄마에게 찻잔을 건넸다. 찻잔 든 손이 떨려서 찻물이 잔 받침에 조금 흘렀다. 엄마가 목소리를 가다듬으며 말했다.

"엄, 아니, 선생님부터 주는 거야? 고맙다."

엄마가 찻잔을 받침째 받아 무릎 아래 내려놓으며 애써 웃어 보였다. 나는 따라 놓았던 찻잔 하나를 또 받쳐 용태 쪽으로 내밀었다. 용태는 여전히 도리질을 했다. 용태가 그러자 다른 아이들도 머뭇거렸다. 엄마가 손짓을 했다.

"이리 주겠니? 그것도 맛있을 것 같은데."

그다음 잔도 마찬가지였다. 또 그다음 잔도 마찬가지였다. 성호는 그냥 고개를 푹 수그리고 있었다. 엄마 앞에는 찻잔 다섯 개가 나란히 놓였다. 나는 나머지 한 잔을 내 앞에 놓았다.

차를 따라 놓은 찻잔이 찻상에서 모두 없어지자 용태가 냉큼 떡 접시로 손을 뻗었다.

"이제 꿀떡 먹어도 되죠?"

다른 아이들 손도 떡 접시로 잽싸게 몰려갔다. 한 사람이 세 개씩 먹는 거라고 옆 모둠 애가 넘겨다보며 참견을 했지만, 귀담아 듣지 않았다.

"야! 너 혼자만 먹을래?"

"짜샤, 넌 다섯 개나 집어 갔잖아!"

아이들은 다투기까지 했다. 용태는 벌써 볼이 메어 터지게 입에 넣고 우물거리고 있었다. 종모는 성호가 손바닥에 들고 있던 꿀떡을 집어 제 입에 넣었다가 입씨름을 하기도 했다.

엄마가 찻잔 하나를 들어 입에 대 보았다. 그리고 내 얼굴을 바라보았다.

"참 좋다. 너도 먹어 봐."

나는 엄마 말대로 찻잔을 들어 찔끔 마셔 보았다. 첫 맛이 씁쓰름해서 나도 모르게 얼굴을 찡그렸다. 그런데 조금 지나자 단맛이 느껴졌다. 나는 고개를 갸웃거리며 한 번 더 차를 삼켰다. 역시 쓴맛은 금세 사라지고 단맛이 입안에 가득 고였다. 나는 웃으며 엄마를 바라보았다.

"쓴데 괜찮아요."

엄마도 따라 웃음을 지었다.

"그래. 맛있는 차 대접해 줘서 고맙다."

엄마는 찻잔을 하나씩 비워 가며 자꾸만 깊게 숨을 들이켰다. 엄마 얼굴은 다시 원래처럼 조용해져 있었다. 성호가 머리를 긁적이며 나를 보고 있었다. 나는 가만히 웃어 주었다.

수업을 마치고 나는 학교 앞에 있는 와플집에서 엄마를 기다렸다. 따로 먼저 가겠다고 했는데, 엄마는 한사코 오늘은 같이 집에 가고 싶어 했다. 나는 가게 맨 구석 빈 의자로 가 자리를 잡았다. 다른 사람들과 얼굴 마주치기 쑥스러워서였다.

가게 문이 열리는가 싶더니 아주머니들 목소리가 떠들썩하게 들렸다. 아주머니들은 가운데 테이블에 자리를 잡고 앉으며 얘기들을 쏟아냈다.

"어휴, 이렇게 힘든 걸 선생님들은 어떻게 평생 한대요? 난 하루도 힘드네요."

"요즘 애들이 어디 옛날 같아야 말이죠."

오늘 명예교사를 한 어머니들 같았다. 엄마 목소리는 들리지 않았다.

"그런데 그 애는 몸도 불편하면서 아까 보니까 팽주를 맡아서 하더라고요? 다른 애들이 하면 될 걸 굳이……."

"하려는 애가 없었나 보죠. 그 모둠 애들이 좀 그렇거든요. 담임 샘한테도 잘 대들고 패로 몰려다니는 애들도 있다고 들었어요."

"아무리 그래도 그런 불편한 몸으로……. 회장도 걔가 먼저 한다고 나섰다면서요?"

나는 그 몸 불편한 애가 누구인지 곧 눈치챘다.

양지에서는 선생님도 아이들도 나를 공평하게 대해 주었다. 놀리거나 무시하는 말은 거의 하지 않았다. 그러지 못하도록 선생님이 늘 얘기를 했기 때문이다.

그때는 나도 다른 아이들과 내가 많이 다르다고 느끼지 않았다. 물론 어릴 때 그 사고만 아니었으면 그런 고민조차 할 필요가 없었을 거다. 초록 불을 못 본 오토바이가 그렇게 덮치지만 않았어도……. 그 때문에 오른쪽 다리는 남들처럼 움직일 수 없지만 그냥 조금 더 시간이 걸리면 된다고 여겼다. 뛰는 놀이나 운동은 못 하지만 박수 쳐 주고 열심히 응원은 할 수 있었으니까. 앉아서 하는 놀이나 공부는 다른 애들에게 뒤지지 않았으니까.

그런데 빛남초로 전학 온 뒤에는 그렇지 않다는 걸 날마다 느껴야 했다. 많은 게 달랐다. 담임 선생님은 용태나 종모 같은 아이들 장난을 그저 내버려 두었다. 인상을 잔뜩 쓰지만 그 애들은 그 정도에 겁내지도 않았다. 그냥 무시하고 계속 장난을 칠 뿐이었다. 그나마 소미나 성호가 말리거나 편을 들어 주었다.

아주머니들은 내가 있는 줄 모른 채 얘기를 계속했다.

"하여간 양지 애들 많이 온 뒤로 학교 분위기가 영 그래요."

"좀 그렇긴 하죠? 근데 아까 떠들던 개들은 그냥 여기 계속 다니던 애들이더라고요."

"그래요? 호호. 그거야 그럴 수도 있죠 뭐. 그나저나 양지 자리에 특수학교 들어오는 거 이대로 정말 두고 봐야 해요?"

"아휴, 어떡하든 그건 막아야죠. 동네 꼴이 뭐가 되겠어요. 장애 있는 애들 잔뜩 모여들면 우리 애들까지 다 그렇게 보일 거 아니에요. 오늘 그래서 뭐 한다고 들었는데……."

나도 모르게 아주머니들 얘기에 자꾸 신경이 쓰였다. 특수학교가 들어오면 동네 꼴이 어떻게 된다는 거지? 다 그렇게 보인다는 건 어떤 걸까? 그래서 오늘 한다는 건 또 뭐지…….

양지 자리에 특수학교 들어올지도 모른다는 소문은 이제 너나없이 아는 모양이었다. 새로 지은 일품아파트 옆의 이 빛남초등학교로 아이들이 왕창 전학 오면서 양지가 문을 닫은 뒤부터 그런 얘기가 바로 나오기 시작했을 수 있다.

남아 있던 몇몇 아이들과 지난겨울 어쩔 수 없이 전학을 해야 했던 나로서는, 빛남초로 다니는 길이 훨씬 고생스러웠다. 거리도 두 배나 먼 데다 계단 수 많고 턱 높은 육교도 건너야 했다.

차들이 많이 다니는 8차선 횡단보도를 건널 때면, 짧은 신호에 매번 식은땀이 났다. 어릴 때 기억 때문에 더 공포스러운지도 모른다.

아이들이 다 떠난 뒤 양지초는 그동안 문을 닫은 채 덩그러니 빈 건물만 자리를 지키고 있었다. 나는 전학 온 뒤에도 집에 가는 길에는 꼭 양지 앞을 들러서 갔다. 양지의 빈 운동장, 풀뿐인 화단, 유리 깨진 교실 창문들이나마 한 번씩 눈으로 훑고 가야 마음이 편안했다. 빛남에서는 느낄 수 없는 나만의 아늑한 시간이었다.

그 자리에 특수학교를 세워 달라고 맨 처음 말했던 지훈이 형네 아줌마는 먼 데 있는 학교에 형을 데리고 다니느라 고생이 이만저만 아니라고 했다. 엄마는 내 다리 치료 문제로 재활병원들을 알아보느라 아줌마랑 자주 얘기를 나눈 편이라 형 일도 남 일처럼 여기질 않았다. 두 엄마가 얘기를 나눌 때면 형이나 나는 어쩔 수 없이 그 옆에서 같이 뻘쭘하니 듣게 될 때가 많았다. 형은 휠체어에 탄 채로 뭐가 좋은지 나를 보며 늘 벙싯벙싯 웃었다. 나는 형 입가에 흘러내리는 침에 자꾸 눈길이 가 똑같이 웃어 주지 못했다.

"많이 기다렸지?"

가게 문이 열리는 소리가 들리는가 싶더니 엄마 목소리가 뒤를 이었다. 내가 돌아보고 알은체하기 전에 얘기 나누던 아주머니들이 화들짝 놀라며 인사들을 했다.

"어머! 민우 어머니!"

"민우가 엄마 기다리고 있었구나? 어머, 애, 여기 있었으면 인사 좀 하지. 호호호."

나는 아까 들은 아주머니들 말을 애써 머리에서 지워 버렸다. 엄마가 과일 주스 두 잔을 주문하고는 아주머니들과 다도 수업 얘기를 한참 했다. 엄마도 정말 아주머니들처럼 보람 있고 뿌듯했을까.

집에 오는 길은 평소처럼 양지 앞으로 들러서 왔다. 엄마도 함께였다. 엄마는 자꾸만 내 어깨를 팔로 감싸려 들었다.

"됐어."

나는 한사코 엄마 팔을 걷어 내렸다.

"왜?"

"갑갑해."

엄마는 내 말에 아랑곳 않고 또 팔을 둘렀다.

"이대로 엄마랑 좀 걷자."

나는 몇 번을 더 걷어 내다 결국 그대로 내버려 두었다. 엄마도 나도 할 말은 많았지만 아무 말도 하지 않았다. 말하지 않아도 하고 싶은 말이 뭔지 서로 알 수 있었다.

양지초 교문 앞은 평소와 달리 시끌벅적했다. 특수학교 설립을 호소하는 사람들과 반대하는 사람들이 다 나와 있는 것 같았다. 용태와 종모나 명예교사 아주머니들 말대로 오늘이 뭔가 중요한 날인 모양이었다. 앞 동 지훈이 형네 아줌마 모습도 보였다. 휠체어에 탄 지훈이 형도 함께였다. 아줌마는 형을 맡기고 올 데가 없어 어쩔 수 없이 데리고 온 것 같았다. 양쪽에서 들고 나온 '설립 추진!' '설립 반대!' 펼침막들 틈에서 휠체어 탄 아이들이 쩔쩔매고 있었다. 소란이 이만저만 아니었다.

어디선가 귀에 익은 목소리가 들렸다.

"여기가 어디라고 들어올 생각을 해? 이 동네가 그렇게 호락호락해 보여?"

소리 나는 쪽을 보고 나는 눈이 휘둥그레졌다. 놀랍게도 그건 위층 아저씨였다. 아저씨가 동네 일에 관심이 많은 줄은 알았지만 이런 일에도 앞장서는 줄은 전혀 몰랐다.

"엄마, 위층 아저씨 아냐?"

엄마도 놀란 것 같았다. 다른 아저씨들 고함 소리도 이어졌다. 지훈이 형네 아줌마 쪽 사람들은 겁먹은 얼굴들이었다. 아줌마가 머뭇거리다가 아저씨 쪽 사람들 앞에 나섰다.

"저희들 얘기 좀 들어 봐 주세요. 이 큰 도시에 우리 애 같은 아이들이 갈 수 있는 학교가 몇 군데밖에 없어요. 다들 멀리 다니느라 얼마나 고생들인지 모릅니다."

지훈이 형네 아줌마는 고함칠 힘도 없어 보였다. 옆에 있는 다른 아주머니가 말을 이었다. 금방이라도 울음이 터질 것 같은 얼굴이었다.

"우리 애들도 교육받을 권리가 있잖아요. 제발 우리 아이들도 배울 수 있게 해 주세요. 우리 아이들은 여러분에게 조금도 해를 끼치지 않을 겁니다."

사람들은 원망 어린 눈에 눈물이 어린 채 같은 호소를 계속했다. 그 소리들은 어떤 아저씨 호통에 금세 묻혀 버렸다.

"그런 온전치 않은 애들을 잔뜩 데리구 와 여기 집값 떨어지믄 누가 책임질 건데?"

엄마가 안 되겠는지 나서며 한마디 했다.

"아니, 특수학교랑 집값이 무슨 관계가 있는데요?"

그제야 나와 엄마를 발견한 아저씨가 당황한 얼굴로 다가왔다.

"제수씨, 이런 덴 왜 오고 그래요? 민우까지 데리고……. 그리고, 세상 물정 모르는 소리 하지 마세요. 동네에 이런 장애인들 돌아다녀 봐요. 동네 분위기 뭐가 되겠어요? 나오지 말고 집에들 있을 것이지, 성하지도 않으면서 학교는 다녀 뭔 소용 있다고."

엄마 얼굴이 확 붉어졌다.

"아저씨. 우리 민우를 봐서라도 그런 말씀은 좀……."

아저씨는 그게 뭐 어떠냐는 표정이었다.

"우리 민우가 왜요? 어쩌다 사고를 당해서 그렇지, 우리 민우가 그런 애들하고 같아요? 민우는 차원이 다르잖아요. 차원이!"

엄마는 말문이 막히는지 고개만 절레절레 흔들었다. 아저씨는 더 말할 필요도 없다는 듯 소란이 커지고 있는 사람들 쪽으로 얼른 발길을 돌렸다. 내 귓가에는 아저씨가 한 말이 계속 맴돌았다.

'우리 민우는 차원이 달라! 달라!'

나는 내 차원이 어떻게 다른지 알 수 없었다. 대체 뭐가 얼마나 다르다는 건지……. 나는 눈시울이 뜨거워지는 걸 얼른 감추려 걸음을 뗐다. 내 다리가 부자연스럽게 움직이자 설립 반대 어깨띠를 맨 어떤 아주머니가 냉랭한 눈으로 지켜보았다. 그 눈길이 느껴져 내 걸음은 더 어색해졌다.

"어머, 민우야! 같이 가야지!"

소란 틈에서 잠시 정신을 놓고 있던 엄마가 앞서가고 있던 나를 부르며 화들짝 놀라 쫓아왔다.

그날 뒤로 위층 아저씨는 사명이라도 띤 듯이 특수학교 설립을 반대하는 사람들을 몰고 다녔다. 지훈이 형네 아줌마는 아줌마 대로 설립을 지지하는 사람들을 모으고 찾아 다녔다. 아줌마와 같은 뜻을 갖고 돕겠다는 사람들이 많이 늘어났지만 위층 아저씨를 비롯한 설립 반대쪽 사람들 힘이 훨씬 더 커 보였다.

양지 자리에 고급 힐링 시설을 들여오겠다는 정치인도 나타났다. 그러면 지역 품격이 달라질 거라며 그 정치인을 칭찬하는 소리가 곳곳에서 들렸다. 다음 선거는 따 놓은 당상이라는 말을 아이들도 따라 했다. 용태와 종모는 더 신이 나서 떠들었다.

"거기가 양지는 양지인가 보네. 근사한 거 들어오면 인정해 줄

게."

"아, 특수학교는 말고!"

나는 떠들어 대는 용태와 종모에게 조용히 말했다.

"너희 인정 필요 없어."

두 아이가 험악한 얼굴을 했지만 나는 상관 않고 내 자리로 갔다. 속으로 다짐하듯 더 말해 주었다.

'나는 몸이 조금 불편할 뿐이지만, 너희는, 마음이 불구야.'

소미가 교실로 뛰어 들어오며 나를 불렀다.

"회장! 1반이랑 피구 시합 또 해도 돼? 다시 도전하겠다니까 받아 주겠대. 이번엔 우리 실력 제대로 발휘할 거거든."

가까이 앉아 있던 성호가 주먹을 쥐고 흔들어 보였다. 소미 말에 동의한다는 뜻이었다. 나는 씩 웃으며 고개를 끄덕여 주었다.

"좋아. 이번에는 나도 나가서 응원할게."

소미와 성호가 활짝 웃었다. 다른 아이들이 나를 보고 있었다.

집으로 돌아오는 길 8차선 횡단보도는 오늘도 변함없이 길어 보였다. 아무리 해도 초록불이 끝나기 전에 건너편에 이르지 못할 것 같다는 느낌이 또 들었다. 다 건너지도 못한 채 빨간불로 바뀌고 나는 길 한가운데 그대로 갇혀 버릴 것만 같았다. 속도를 줄이지 않고 달려오는 차들이 덮칠 것 같아 나는 횡단보도 앞에서 초록불이 켜지는 걸 보고서도 그대로 서 있기만 했다. 매일 있는 일이었다.

몇 번이나 신호가 바뀐 걸까.

"뭐 해? 안 건너고?"

누군가 말 거는 소리에 나는 고개를 들었다. 지훈이 형을 휠체어에 태운 채 형네 아주머니가 가까이 와 있었다. 지훈이 형도 고갯짓 몸짓 손짓을 다 해 아주머니가 한 말을 따라 하려고 애썼다.

"무어어애 해애? 아안 거언너고오?"

나는 얼굴을 붉히며 얼른 대답했다.

"아아. 아니, 지금 가려고 했어. 지금 가려고 했어요."

아주머니는 일품아파트 쪽 약국에서 무슨 약인가를 사오는 길이라고 했다. 거기나 가야 구할 수 있는 약을 처방해 줬다며 아주머니가 투덜거렸다. 아주머니보다도 덩치가 큰 지훈이 형을 돌보고 데리고 다니면서도 아주머니는 좀체 찡그리지 않았다. 형은 나를 보며 자꾸만 웃었다.

신호가 또 초록불로 바뀌었다.

"가자!"

아주머니가 휠체어를 힘주어 밀며 앞으로 걸어 나갔다. 지훈이 형도 온몸을 다 써 나에게 말했다.

"가아아자아아아!"

나는 나도 모르게 큰 소리로 대답했다.

"응!"

8차선 횡단보도는 역시나 넓고 길고, 초록 신호는 너무 짧았다. 하지만 같이 가니까, 괜찮았다. 무섭지 않았다. 나는 휠체어 옆으로 바짝 다가갔다.

# 어쩌다 보니 할아버지

윤혜숙

"나이 드는 것도 서러운데, 편하게 나다닐 수 있나,
눈치 안 보고 커피 한 잔을 마실 수 있길 하나…… 젊었을 때
이렇게 늙을 줄 모르고 노인들 보면 무시하고 꼰대 취급하고
그래서 벌 받는 거 아닌가 싶은 게…….″

큼큼! 퀴퀴한 냄새에 눈이 절로 떠졌다.

'여긴 어디지?'

눈앞의 모든 것이 먼지 낀 창문처럼 희끄무레했다. 벌떡 몸을 일으켰다. '우두둑' 장작 부러지는 소리와 함께 허리가 끊어질 듯 아팠다.

아얏!

눈물이 찔끔 나왔다. 몇 번을 버둥대서야 간신히 일어나 앉았다. 방바닥을 짚으려는데 수세미보다 더 쭈글쭈글한 손등이 보였다.

"엄마야!"

목소리도 이상했다. 주위를 두리번거렸다. 허름한 점퍼와 구겨진 바지가 눈에 들어왔다. 그 위 사진 액자에 째보 할아버지 얼굴이 보였다. 나만 보면 일단 얼굴부터 찡그리며 째려봐서 붙인 별명이다.

일단 화장실부터 가야겠다. 걸음을 뗄 때마다 아구구 소리가 절로 쏟아졌다.

흐릿한 거울 속에 째보 할아버지가 있었다.

"으아악!"

양손으로 얼굴을 감쌌다. 손바닥에 닿는 얼굴이 꺼칠꺼칠했다. 이리저리 몸을 더듬어 보았다. 쭈글쭈글한 뱃살, 마른 나뭇가지처럼 앙상한 팔이 만져졌다. 내 몸이 내 몸이 아니었다. 밤새 내 몸이 바뀐 거야? 하필이면 세상에서 제일 재수 없고 밉상인 째보 할아버지랑!

"요즘 것들은 당최 예의가 없다니까. 벌레 피하듯 내뺄 생각이나 하고."

"예서 공 찰 시간 있으면 글 한 자라도 더 배워."

말도 안 되는 트집에다 끝도 없이 쏟아내는 지겨운 잔소리, 째보 할아버지하고는 도저히 한 하늘 아래 살 수 없다는 게 내 생각이다.

우선 째보 할아버지부터 찾자. 내가 여기 있다면 째보 할아버지가 있을 데는 뻔했다.

뻗정다리로 절뚝대며 간신히 대문을 빠져나왔다.

"일찍 일어났구먼. 이따 경로당에서 봄세."

승구 할아버지가 뚱한 얼굴로 말했다.

"난 할아버지 아니란 말이에요."

"그럼 우리가 할아버지지 할망구인 줄 아나. 아침부터 애들 흉내나 내고. 저승길이 코앞인데 언제 철이 들 건지 원."

"난 할아버지 아니라니까 왜 자꾸 할아버지라고 그러는데요?"

너무 기막혀 말소리까지 떨렸다. 승구 할아버지는 경로당 올 생각 말고 병원부터 가 보라며 끝까지 빈정댔다.

100미터 달리기를 13초대에 끊는 내가 집까지 가는 데 이십 분도 넘게 걸렸다. 다리는 뻣뻣하고 허리는 끊어질 것 같고 입에서는 끝도 없이 '아구구' 소리가 나왔다.

"잠꾸러기가 깨우지도 않았는데 일어나고 별일이네."

엄마 목소리가 문밖으로 새어 나왔다. 엄마 앞에 선 째보 할아버지가 민망한지 뒷머리를 긁적였다.

"어머, 어르신께서 저희 집엔 어쩐 일로?"

엄마가 나를 발견하고는 고개를 까딱했다.

"엄마 아들은 나고, 저 사람은 째보 할아버지야. 잘 보란 말이야."

엄마가 얼떨떨한 얼굴로 나와 째보 할아버지를 번갈아보았다.

"어르신도 무슨 농담을……. 치매라는 말은 못 들었는데."

구시렁대며 엄마가 고개를 갸웃했다. 저기 어정쩡하게 서 있는 째보 할아버지가 나고, 여기 있는 내가 째보 할아버지인데……. 엄마가 아들을 못 알아보다니. 어이없고 기 막히고, 억울했다.

"저 아이가 할 말이 있나 본데, 잠깐 다녀오리다."

째보 할아버지가 엄마를 돌아보며 말했다.

"얘가 뭘 잘못 먹었나? 갑자기 할아버지처럼 왜 이래?"

엄마가 눈알을 뙤록거리며 입을 실룩였다.

"아침 먹어야지, 어딜 간다는 거야?"

"속이 더부룩해서 아침 안 먹은 지 한참 됐소."

"그럼 약을 먹어야지 아침을 굶으면 돼? 밥 싫으면 우유라도 마시자, 응?"

엄마는 여전히 상황 파악이 안 되는 모양이었다. 머릿속이 뒤

죽박죽 쓰레기통보다 더 복잡했다.

째보 할아버지가 허둥대며 운동화에 발을 욱여넣었지만 번번이 실패했다.

"하여튼 덜렁대기는. 가방도 안 가지고 학교 간다고?"

"실례 많았소이다. 그럼 이만 가 보겠소."

엄마가 내미는 가방을 뺏어 든 째보 할아버지 얼굴이 벌게졌다.

"얘가 왜 자꾸 이상하게 굴어. 열은 없는데⋯⋯. 병원에 먼저 가 봐야 되는 거 아니니?"

엄마는 째보 할아버지 이마에 손을 갖다 댔다. 째보 할아버지가 쩔쩔매며 고개를 절레절레 흔들었다.

"어르신, 다음에 또 오세요. 준이가 버릇없게 굴어도 너무 혼내지 마시고요."

엄마는 째보 할아버지 손을 잡아끄는 나에게 공손하게 말했다.

대문을 나서자마자 다짜고짜 소리쳤다.

"내 몸 돌려줘요."

"나도 그러고 싶다만⋯⋯. 도대체 뭔 일인지. 자고 일어나니 열두 살 애로 바뀌다니."

말은 그렇게 하면서 째보 할아버지의 눈에 그렁그렁 웃음이 고였다. 내 눈에는 '난 괜찮은데, 넌 좀 억울하겠다' 그런 웃음으로 보였다.

"여기저기 아픈 데 하나 없고, 문방구 간판도 훤히 보이고, 대명천지가 따로 없네. 아무래도 전생에 내가 나라를 구했나 보다. 이런 일이 나한테 다 생기고. 아무래도 이게 꿈이지 싶……."

말을 끊더니 째보 할아버지가 팔뚝을 세게 꼬집었다.

"아이구! 거짓말 아니구먼."

입을 헤벌쭉 벌리면서 팔뚝을 슬슬 문질렀다. 웃음을 참는지 째보 할아버지 어깨가 들썩였다.

"할아버지만 좋고 난 뭐예요? 눈은 흐리멍텅하고 숨도 헥헥거리고……, 허리는 오는 내내 삐거덕대고 다리는……, 정말 죽을 것 같다고요."

째보 할아버지를 쫓아오느라 어찌나 힘을 썼던지 아직도 목 안에서 숨이 클클 끓었다.

"많이 불편하재? 나이 먹으면 여기저기 안 아픈 데가 없지. 그래도 좀 지나면 익숙해져서 살 만해지는 법이다."

째보 할아버지가 내 어깨에 손을 올려놓았다. '에휴, 무슨 조화 속인지.' 하며 한숨까지 몰아쉬면서. 마음 같아서는 째보 할아버지를 녹신하게 패 주고 싶었지만 내 손으로 내 몸을 때리는 거라 께름칙했다.

"우리한테 뭔 일이 있었던 거냐?"

"그걸 내가 어떻게 알아요? 할아버지도 모르는데."

"나이 많다고 뭐든 다 아는 게 아녀. 칠십 평생 이런 일은 처음이라 정신없기는 나도 매한가진데."

그러면서 말간 눈을 또르르 굴렸다. 어쩌다 할아버지 몸으로 바뀐 건지, 억울하고 분해서 눈물이 솟구쳤다.

"울지 마라. 시작이 있으면 끝도 있고, 모든 일에는 다 이유가 있으니까 그것만 알아내면 원래대로 돌아갈 끼다."

"어떻게요? 이 몸으론 단 하루도 살고 싶지 않다고요."

"당연히 그렇겠지. 내가 널 그렇게 만든 것도 아닌데 자꾸 미안하구만."

잔뜩 고개를 떨구고 째보 할아버지가 뭔 소린지도 모를 말을 웅얼댔다. 잔소리 할 때 할아버지랑은 어딘가 좀 달랐다.

우리는 아무 말도 않고 학교 앞까지 걸었다. 애늙은이처럼 뒷짐을 진 채 느릿느릿 걷는 째보 할아버지를 내려다보는데 이상하게 웃음이 났다.

너무 이른 시간이라 학교는 더없이 조용했다. 벤치에 엉덩이부터 들이밀며 째보 할아버지가 말했다.

"이런 일이 너랑 나한테만 일어난 걸 보면 우리가 함께 있을 때 벌어진 거 아니겠냐?"

째보 할아버지와 눈이 마주쳤다. 퍼뜩 어젯밤이 떠올랐다.

"그럼…… 공원?"

"나도 방금 딱 그 생각 했는데."

"그날 사람들이 얼마나 많았는데요?"

"그랬재. 다들 별똥별 본다고 모이긴 했지."

째보 할아버지가 눈알을 요리조리 굴렸다.

어제저녁 우리는 공원에서 축구 연습을 했다. 6학년 형들이 운동장을 차지해서 어쩔 수 없었다. 한 시간 내내 공만 쫓아다니다가 겨우 잡은 득점 찬스였는데, 결국 일이 터지고 말았다. 내가 찬 공이 미사일처럼 날아 째보 할아버지네 뒤뜰에 떨어진 거였다.

"네가 헛발질해서 날아간 거니까 네가 찾아와. 저번에 뺏긴 공까지 찾아오면 더 좋고."

승구가 다짐이라도 받겠다는 듯 목에 잔뜩 힘을 주었다. 개미만한 목소리로 승구에게 말했다.

"째보 할아버지랑 너네 할아버지랑 친구니까 네가 가는 게 더 좋은데."

"지금 학원에 있는 거로 돼 있는데 절대 안 되지 그건. 째보 할아버지가 우리 할아버지한테 입 뻥긋했다가는 내일부터 집에 갇힐걸. 그럼 축구 시합은 어쩌고."

승구가 목을 손으로 긋는 시늉을 하며 잔뜩 인상까지 썼다.

"제일 아끼던 공이니까 내가 제일 찾고 싶다고. 하지만 이제까지 한 번도 돌려받은 적 없잖아."

목소리가 절로 기어들어 갔다. 이제까지 우리가 째보 할아버지한테 갖다 바친 공을 다 합쳐도 그 공과는 절대 바꾸고 싶지 않았다.

"가만있으면 그 할아버지 우리를 바보로 알걸. 저번 시합에서 세 골이나 넣어 준 공이잖아. 너 그거 맥없이 뺏길 거야? 김종구 선수 사인볼이라면서."

승구가 결국 아픈 데를 꾹 찔렀다. 손이 부르르 떨렸다.

"그냥 순순히 내줄 째보 할아버지가 아니니까 그렇지."

"그러니까 머리를 써야지. 이럴 때는 꼼수 말고 정공법이 최고야. 당당하게 우리 거 찾으러 왔으니 내놓으라고 해. 그게 싫으면 훔쳐 오든지."

승구가 공원을 둘러싼 철책을 턱짓으로 가리켰다. 철책 아래가 바로 째보 할아버지의 집이었다.

"비겁하게 훔치는 짓 따윈 안 해. 당당하게 내 공 내놓으라고 할 거야."

큰소리쳤지만 막상 철천지원수 째보 할아버지와의 그날 일을 생각하니 가슴이 답답해졌다.

그날도 내 발에 빗맞은 공이 째보 할아버지네 뒤뜰로 날아갔다. 콧김을 내뿜으며 승구는 자기 공 찾아올 때까지 한 발짝도 못 움직인다고 버텼다. 어쩔 수 없이 째보 할아버지네 집까지 갔을 때였다.

"나한테는 자식 없으니까 다시 올 필요 없다."

"그깟 돈이 자식보다 더 중요해요? 이제 정말 마지막이라니까요. 아버지가 안 도와주면 길바닥에 나앉을지도 모른다고요."

째보 할아버지 집에 사람 소리가 나는 건 드문 일이었다. 대문

틈으로 덩치 큰 어른과 째보 할아버지 모습이 보였다.

"더 할 말 없으니께 동네 사람들 눈에 띄지 말고 얼른 가라."

째보 할아버지가 씩씩대는 아들에게 나가라는 손짓을 거푸했다.

"오죽했으면 여기까지 찾아왔겠어요. 그냥 달라는 것도 아니고 이자도 주고 두 배 아니 세 배로 갚아 준다잖아요."

"누가 돈 달라고 하더냐? 사 년 동안 전화 한 통 없다가 나타나서 기껏 한다는 소리가! 보증금까지 야금야금 까먹어서 나도 살길이 깜깜한데!!"

호통치는 할아버지와 눈이 마주친 건 그때였다. 할아버지가 무섭게 노려보며 절뚝절뚝 내 쪽으로 걸어왔다.

"저, 저, 여기로 공이 떨어져서요."

"너도, 네 놈도 다 꺼져 버려. 꼴도 보기 싫으니까."

그 후 몇 번인가 부딪쳤지만 째보 할아버지는 못 본 척 나를 투명 인간 취급했다.

'흥, 그럼 누가 겁먹을 줄 알고.'

째보 할아버지는 진즉부터 못 말리는 노인네로 유명했다. 동네방네 온갖 참견 다 하고, 복지관에서 보낸 도시락에 멸치볶음이라도 있으면 딱딱한 걸 어떻게 먹냐며 타박하고, 가로등 달아 준다는 약속 지키라며 동주민센터에 뻔질나게 들락거렸다. 그거야 어른들 일이니까 신경 쓸 것도 없었다. 문제는 째보 할아버지 집이 공원 바로 아래 있다는 거였다. 운동장에서, 공터에서 쫓겨난 우리가 축구 연습을 할 데라곤 공원뿐이었다. 아무리 조심한다 해도 공이 째보 할아버지네 뒤꼍으로 날아가기 일쑤였다.

"딴 데 가서 놀아. 넓은 데 놔두고 왜 여기서 뜀박질이야. 너희 때문에 우리 집 밭이 엉망 됐잖아."

"그게 무슨 밭이에요?"

째보 할아버지가 말하는 밭은 여기저기에서 주워 모은 화분들을 말하는 거였다.

"고추랑 가지랑 상추가 심어져 있으면 밭인 거지 그럼 그게 화단이냐?"

이렇게 어거지를 썼다. 도통 말이 통하지 않는 고집불통 영감이었다.

얼마 후 홀몸 노인인 줄 알았던 째보 할아버지한테 멀쩡하게 아들이 있다는 소문이 돌았다. 곧이어 동주민센터 사람들이 몰려와 째보 할아버지가 누리던 혜택을 몽땅 거둬 갔다. 경로당 할아버지들도 상종 못 할 거짓말쟁이라며 쑤군댔다.

문밖에서 얼쩡대고 있는데 째보 할아버지가 나왔다. 외나무다리에서 원수라도 만난 양 째보 할아버지가 무섭게 나를 노려보았다. 몸이 바짝 얼었다.

"공 안 돌려줘서 그랬냐? 네 놈 때문에 내가 얼마나 곤란해진 줄 아냐?"

"아, 아니에요. 난 아무 말 안 했어요."

"그럼 누구야? 너 말고 본 사람이 없는데."

째보 할아버지의 얼굴이 험악해졌다.

"안녕하세, 아니 안녕히 계세요."

넙죽 절하고 나는 뒤도 돌아보지 않고 냅다 뛰었다.

"유성 쇼 보려면 좋은 자리 잡아야 할 텐데."

집에 들어서자마자 엄마는 빨리 저녁 먹자며 닦달했다.

'아까 그럼 공원에 가려던 거였구나.'

뱃속에 스멀스멀 웃음이 고였다. 째보 할아버지한테 걸리지 않고 축구공을 빼 올 절호의 기회였다. 자기 것도 아니면서 주인한테 돌려주지 않은 건 째보 할아버지니까 이건 훔치는 게 아니라 내 걸 찾는 정당한 행위라는 생각까지 들었다.

허겁지겁 밥을 우겨넣은 후 째보 할아버지 집으로 달려갔다. 산쪽 담벼락을 넘어 마당으로 뛰어내렸다. 둘레둘레 주위를 살폈다. 같이 사는 늙은 개 복실이도 따라갔는지 집 안은 조용했다.

"다시 올 거라고 생각했는데 내 생각이 딱 맞았구먼. 이걸 찾으러 왔냐?"

손에 축구공을 든 째보 할아버지가 이죽거렸다.

"이제라도 사실대로 말하면 이 공 돌려주꾸마. 네가 소문낸 거 맞지?"

"난 입 싼 놈이 아니라고요. 안 믿어도 할 수 없지만 진짜예요."

"그날 우리 셋밖에 없었는데, 그걸 나보고 믿으라고? 어림 턱도 없다."

째보 할아버지가 눈을 부라렸다. 처음부터 내 말 따윈 들을 생각도 없었던 게 분명했다. 공을 보니 아무 생각도 안 났다. 비굴한 놈이라고 해도 어쩔 수 없다. 바짓가랑이에라도 매달리고 싶었다.

"그럼 다른 건 할아버지 가지고 그 공만 돌려주심 안 돼요? 그게 김종구 선수 사인볼이거든요. 할아버지도 알죠, 우리나라 최고의 미드필더요. 그 사인 받으려고 내가 얼마나 고생했는데요, 할아버지, 제발 그것만이라도……."

나는 간절한 눈빛으로 공을 쳐다보고 또 쳐다보았다. 저 공만 돌려준다면 째보 할아버지한테 백 번 절하고 무릎도 꿇을 수 있을 것 같았다.

"네가 고생한 걸 내가 왜 알아줘야 하는데. 쓸데없는 데 힘 빼지 말고 공부나 열심히 해. 너 공부 못하지? 그러니깐 맨날 이런 데서 뜀박질하고 여기저기 말이나 옮기고 다니는 거겠지만."

"맨날 아니라 형들이 운동장 차지해서 갈 데가 없었단 말이에요. 딱 삼십 분만 하려고 했는데."

"그건 내 알 바 아니고 어쨌든 내 손에 들어온 건 다시 안 내준다, 그게 내 신조야."

째보 할아버지를 보니 캐비닛 안에 그렇게 뺏은 공들이 한가득이라는 승구의 말이 빈말이 아닌 게 확실했다.

"다시는 축구 안 하고 땀나게 공부할게요. 약속할게요, 진짜로요."

"그딴 약속을 왜 나한테 하냐? 네 할아버지도 아닌데."

십 분 넘게 애걸복걸했지만, 째보 할아버지는 꿈쩍도 않았다.

"지금 안 나가면 경찰서에 도둑 들었다 신고할 테니까 얼른 내빼는 게 좋을 거다. 나도 볼일 있으니까."

"공원에 가려고요? 내가 제일 좋은 자리로 잡아 줄까요?"

"됐다. 이번엔 뭔 소문 내려고?"

별 수 없이 터덜터덜 공원으로 향했다. 캄캄해진 공원에는 벌써 사람들로 발 디딜 틈 없었다.

"옛날엔 별똥별 매일 봤던 것 같은데 안 그런가?"

"그만 떠들게. 늙으면 입은 다물고 지갑은 열라고 했잖나?"

"하여튼 까칠하긴. 오죽 했으면 아들까지 나 몰라라 그랬을까?"

"자식 키울 땐 남 말 하는 거 아니네. 승구 아범도 몇 달째 실업자라던데."

승구 할아버지의 빈정거림에 째보 할아버지도 지지 않고 되받아쳤다.

'별똥별 보고 소원 빌면 이루어진다고? 내 소원은 딱 하나뿐인데.'

앉을 만한 자리라곤 째보 할아버지 맞은편 뿐이었다. 칠십 노인이 무슨 소원이 있다는 건지. 두 손을 연신 비벼대는 째보 할아버지를 보니 콧방귀가 나왔다.
"별똥별이다!"
함성 소리가 터졌다. 손을 꼭 모아쥐고 하늘을 올려다보았다. 깜깜한 하늘에서 작은 점 하나가 밝아지면서 점점 커졌다. 가슴이 오그라들었다. 딱 도깨비한테 홀린 기분이었다.
'소원 꼭 들어주세요.'
하늘 끝자락에서 하나둘 솟은 별들이 포물선을 그리며 땅으로 떨어졌다. 폭죽처럼 쏟아지는 별들! 잡을 듯 손을 앞으로 내밀었다. 째보 할아버지가 눈에 들어왔다. 두 손을 그러쥔 째보 할아버지가 합죽한 입을 연신 웅얼거렸다.
순간 엉뚱한 소원이 입에서 튀어나왔다.
'째보 할아버지 사라졌으면 좋겠다.'
그게 어젯밤이었다.

"야, 이준, 거기서 뭐 해? 축구 연습하기로 한 거 잊었어?"
째보 할아버지한테 성깔을 부리던 승구가 나를 보고는 슬금슬금 뒷걸음질 쳤다.
"축구라면 나도 좀 하지. 몇십 년 만에 몸 좀 풀어 볼까?"

째보 할아버지가 엉덩이를 탈탈 털며 자리에서 일어났다.

"저 할아버지는 왜 달고 왔어? 공 잡아먹는 꼰대라더니."

내가 뭐라 말하기도 전에 승구가 째보 할아버지 옆에 바짝 붙어 서며 볼멘소리를 했다.

"꼰대? 어린놈이 말뽄새 하고는. 저런 놈이랑은 친구 하지 말어."

째보 할아버지가 승구 팔을 잡아끌며 눈까지 흘겼다.

"너 말투 이상해. 컨디션 안 좋으면 자살골 넣을지 모르는데."

"자살골도 넣었냐? 하긴 제깟 놈이 뭔들 잘하겠어."

승구 눈이 휘둥그레지며 나와 째보 할아버지를 번갈아 보았다.

"…… 수업 끝날 때 다시 올게요."

째보 할아버지를 보며 풀죽은 목소리로 말했다.

"저 할아버지 치매인가 봐. 우리한테 존댓말 쓰는 거 너도 들었지?"

승구가 혀를 내두르며 할끔거렸다.

"금방 갈 테니 우리 집에 가 있어."

뒤돌아보며 째보 할아버지가 눈까지 찡긋했다.

집 앞에 승구 할아버지가 통통 부은 얼굴로 기다리고 있었다.

"아침부터 어디 갔다 온겨? 한 시간도 넘게 기다렸구먼."

"학교 갔다 왔……?"

"노인대학? 거긴 안 간다고 하더니, 우짠 일이래?"

'그 학교 말고요.'

그 말을 하려는데 입 안에서 틀니가 덜거덕거렸다. 빠져나올 것 같아 얼른 입술을 앙 물었다. 틀니 때문인지 말소리도 덜컹거리는 것 같았다.

"자네도 연락 받았지?"

"네? 무슨 연락이요?"

뜨악해하는 나를 보며 승구 할아버지가 입술을 비틀었다.

"탑골공원에서 모이기로 한 거 잊어버린겨?"

"탑골공원이 어딘데요?"

"갑자기 웬 존댓말……? 두 살 차이는 친구 먹어도 된다더니……. 앞으로도 계속 말 올리게. 듣기 좋구만."

승구 할아버지는 존댓말 때문에 기분 좋은지 내 어깨를 툭 쳤다. 그 바람에 틀니가 건들렸는지 잇몸이 뭉근하게 아파 왔다. 틀니가 잇몸을 씹는 통에 말하는 것도 고역이었다. 이렇게 불편한 걸 평생 입 안에 넣고 살아야 한다니, 끔찍했다.

"요새 반값이라던데, 여적 틀니 다시 안 한 거야? 궁상 좀 그만 떨라니까 말도 지지리 안 들어요."

우거지상인 나를 보며 승구 할아버지가 잔소리를 해댔다.

"째보 할아버지 진짜 말 안 들어요. 축구공도 안 돌려주고. 근데 궁상이 뭐예요?"

"밤새 안녕이라더니, 간밤에 뭔 일 있은겨? 아까부터 존댓말을 하지 않나 축구공은 또 뭔 소리고. 제발 정신 좀 차리게."

승구 할아버지는 자식도 나 몰라라 하는 처지에 몸이라도 건강해야 한다며 한참 통박을 주고는 경로당부터 들러 보자고 했다.

"전 가 볼 데가 있어서 같이 못 가요."

"늙은이가 그렇게 빨빨거리고 돌아다니면 다들 싫어한대두."

무슨 말을 더 하려다 말고 승구 할아버지가 다시 한 번 정신 차리라며 한소리 더 했다. 어휴, 다행이다. 몇 마디 더 했다가는 들통날 뻔했다.


다시 학교로 갔다. 밉고 꼴보기 싫은 째보 할아버지이지만 어른이니까 어떻게든 방법을 찾아낼 거라는 기대 때문이었다. 수업이 끝나서인지 무리 지어 아이들이 떠들고 있었다. 골대 옆 잔뜩 고개 숙인 째보 할아버지가 보였다. 하루 종일 시침 뚝 떼고 나인 척 지냈을 째보 할아버지를 보니 속이 부글부글 끓었다.

"너, 왜 그래? 계속 헛발질만 하면 어떡해?"

"열심히 뛰는데도 골이 안 들어가는 걸 어쩌누?"

째보 할아버지가 우물쭈물 변명을 늘어놓았다.

"우리 반 지면 다 네 탓이야. 자꾸 이러면 미드필드 바꿔야 한다고"

"밤새 연습해서 내일은 진짜 잘 할테니까……. 한 번만 봐주더라고."

째보 할아버지의 말투에 더 화가 치미는지 승구가 발을 쾅쾅 굴렀다.

바보 같은 놈. 난 여기 있는데…….

돌멩이를 냅다 걷어찼다. 돌멩이는 골대를 튕겨 나가 화단 쪽으로 날아갔다. 끊어질 것 같은 통증과 함께 허리가 훅 꺾였다. 일흔 살 먹은 할아버지가 된 걸 깜박한 대가치고는 너무 컸다.

간신히 벤치에 엉덩이를 내려놓았다. 이마에서 식은땀이 줄줄 흘렀다. 숨을 쉴 때마다 심장이 바짝 조여 왔다. 내 몸을 빨리 찾아야 하는데. 이렇게는 단 일 분도 살고 싶지 않았다. 하지만 방법이 없다.

아이들이 교문을 다 빠져나간 후에야 나왔다.

"종일 딱 죽을 맛이더라. 도통 무슨 소리인지 하나도 못 알아듣겠고…… 숙제 안 해 왔다고 벌까지 섰다."

"아, 참. 숙제한 거 책상 위에 있는데."

쌤통이다 싶었다. 잔뜩 풀죽은 모습을 보니 억울함이 조금 가셨다.

"생각보다 니 쪼매 괜찮은 아인 거 같더만. 노는 시간마다 언제 축구 연습하냐 묻질 않나 급식 때는 서로 옆에 앉겠다고 난리더만."

뚱한 내 표정을 보고는 째보 할아버지가 뜬금없이 이랬다.

"뭘 그걸 가지고……. 축구 잘했다는 거 다 뻥이죠? 종일 헛방만 날렸다고 승구가 펄펄 뛰던데……?"

"어렸을 땐 펠레라고 불릴 만큼 잘했는데…… 젖 먹던 힘까지 내서 뛰는데도 자꾸 헛발질하는 걸 어쩌누. 시합 전엔 옛날 실력 나와야 할 텐데."

째보 할아버지가 미안한 건지 억울한 건지 시무룩하게 말했다.

그날부터 째보 할아버지와 함께 지냈다. 혼자서 자는 것도 무섭고, 같이 있어야 몸을 되돌릴 방법도 찾을 것 같았다. 하수도가 터져 며칠 신세 좀 질 수 없겠냐며 째보 할아버지가 우는 소리를 했다. 거절할 말을 찾는 듯 내내 우물대던 엄마는 사나흘이면 된다는 말에 마지못해 고개를 끄덕였다.

틈만 나면 째보 할아버지와 나는 컴퓨터에 붙어살았다. 인터넷에 좋은 방법이 있을 거라는 내 말에 째보 할아버지도 잔뜩 기대하는 눈치였다.

"손가락이 번개처럼 빠르구만. 우째 이래 잘한다냐? 니 아무래도 천재인 갑다."

째보 할아버지가 추켜세울 때마다 미운 마음이 조금씩 옅어졌다.

"골대까지 공 안 뺏기고 가는 법, 가르쳐 주면 안 되나? 그래야 너도 미드필드 자리 안 뺏길 거 아니냐."

휴지 뭉치를 축구공 삼아 째보 할아버지는 방 안을 누볐다. 나는 코치처럼 이리 차라, 저리 차라 주문만 해댔고.

"너 안 자고 뭐 해? 동네 사람들 다 깨겠다."

십 분마다 엄마 잔소리를 들었지만 키득키득 웃음이 나왔다.

"경로당 할아범들이 자꾸 찾아올 텐데, 기 안 죽는 비법 가르쳐 주꾸마."

"어떻게요?"

"이래 봬도 내기 장기에서 한 번도 진 적 없다."

"장기는 한 번도 둔 적 없는데……."

내가 말끝을 흐리자 째보 할아버지가 무릎걸음으로 바짝 다가앉았다.

"뭐든 원리를 알면 쉬워지는 법이지. 너 장기가 축구랑 똑같은 거 아나?"

"말도 안 돼요. 그게 어떻게 똑같아요?"

"잘 들어 봐라. 일단 두 팀이 나눠지지, 축구처럼 장기알에도 말, 병사 같은 포지션이 있는 거나 힘으로 하는 게 아니라 작전 잘 세워야 이기는 것도 그렇고. 안 그러냐?"

째보 할아버지 말에 절로 고개가 끄덕여졌다.

탑골공원에 가기로 한 날 아침. 뒷집 할아버지와 승구 할아버지가 문 밖에서 기다리고 있었다.

"할아버지랑 같이 체험학습 간다고 전화해 주면 안 되겠소?"

"이젠 점잖다 못해 애할아범 같다니까."

엄마 눈에 자글자글 웃음이 끓었다. 그사이 째보 할아버지는 나한테 향수를 뿌렸다. 늙은이 냄새 안 나게 하려면 그래야 한다면서.

"거긴 왜 가는데요?"

"예전처럼 공원을 다시 열어 달라고 시위하러 가는 거다. 예전엔 거기 모여서 얘기도 하고 친구도 만나고, 마음 맞으면 술도 같이 마시고…… 우리 같은 늙은이들의 모임 장소였는데, 그만 문을 닫아 버린 거다."

"왜요?"

"유적지를 보존하기 위해서라고 하지만 늙은이들이 모여 있는 게 보기 싫다는 거지. 외국인들에게 부끄럽다고……. 여기도 안 된다, 저기도 안 된다 그럼 늙은이더러 어디 가라는 건지."

나도 예전엔 그랬다. 길에서 노인과 만날라치면 몸이 닿기라도 할까 봐 멀찌감치 피해 다녔다. 무슨 해코지를 하는 것도 아닌데 그냥 무조건 싫었다. 애들 노는 게 꼴 보기 싫다며 운동장을 주차장으로 만든다면 나도 엄청 화나고 팔짝 뛰었을 거다. 할아버지들 마음을 조금 알 것 같았다.

"나이 드는 것도 서러운데, 편하게 나다닐 수 있나, 눈치 안 보고 커피 한 잔을 마실 수 있길 하나…… 젊었을 때 이렇게 늙을 줄 모르고 노인들 보면 무시하고 꼰대 취급하고 그래서 벌 받는 거 아닌가 싶은 게……."

째보 할아버지는 말도 못 끝내고 한숨을 푸욱 내쉬었다.

평일인데도 지하철 안은 사람들로 북적거렸다. 우리들이 전철 안으로 들어서자 바닷길이 열리듯 사람들이 양 옆으로 좌악 갈라섰다. 다들 못 볼 걸 본 것처럼 짜증 섞인 얼굴이었다. 괜히 목이 움츠러들고 억울한 기분까지 들었다.

"아유, 할아버지 냄새!"

옆에 서 있던 누나가 코를 틀어쥐며 코맹맹이 소리를 했다. 힐끔거리는 걸 보면 분명 나와 할아버지들을 두고 한 말이었다.

"그런 소리 들을까 봐 단단히 준비하고 나왔소. 할아버지 냄새가 어디서 난단 말이오?"

째보 할아버지가 나를 손으로 가리키며 말했다.

"할아버지 말이 맞아요. 아침에 향수도 뿌렸다고요."

"어머, 진짜 웃겨. 애는 반말하고, 할아버지는 존댓말하고. 혹시 머리가 어떻게 된 거 아니에요?"

누나가 머리 위로 손가락을 빙글빙글 돌리며 쫑알거렸다. 째보 할아버지와 나는 동시에 흠칫했다. 말조심하자고 단단히 다짐했는데 나도 째보 할아버지도 깜빡한 거였다.

"향수랑 꼬리꼬리한 냄새가 섞여 머리가 더 아프다고요."

누나가 얼굴을 찡그리며 머리 양끝을 손으로 꾹 눌렀다.

"그냥 집에 있으면 좀 좋아. 이런 게 다 민폐라니까."

옆에 있던 누나가 맞장구를 쳤다. 소곤소곤 말했지만 내 귀에는 스피커 소리만큼이나 크게 들렸다.

"우리도 일이 있어서 나왔다고요."

"누가 뭐라 그랬어요? 왜 자꾸 말 높이고 그러세요. 적응 안 되게."

누나가 못마땅한 눈초리로 꼬나봤다. 따끔하게 한마디 해 주고 싶었지만 이상하게 주눅이 들었다. 노인이라는 이유만으로 어깨가 움츠러들었다.

"분위기 파악 못 하는 거 보면 괜히 틀딱충이 아니라니까."

그 말에 머리꼭지가 휙 돌았다. 눈에 힘이 들어가고 세게 어금니를 물었다. 삐거덕대던 틀니가 잇몸을 찔렀다. 으아악! 눈물이 핑 돌았다.

"틀딱충이 뭐냐?"

째보 할아버지가 나를 올려다보며 입을 달싹였다. 틀니가 딱딱 부딪치는 늙은이들을 그렇게 부른다는 말은 도저히 할 수 없었다.

술렁대는 할아버지들을 보았는지 아주머니가 얼른 경로석을 가리켰다.

"저기 자리 있네요, 어르신!"

그 말이 끝나기 무섭게 째보 할아버지가 나를 전철 안으로 끌었다.

"어디 가는겨? 여기 자리 있는데."

옆에 서 있던 할아버지들이 나를 이상한 눈초리로 쳐다보았다.

"난 공짜 손님 아니니까 경로석 말고 딴 데 앉을겨."

째보 할아버지가 강짜를 부렸다. 승차권 발매기 앞에서 표를 끊겠다고 우기던 게 생각났다.

"할아버지들, 우리도 돈 내고 탔으니까 저기 앉아요."

일반석을 가리키며 내가 씩씩대자 여기저기에서 웃음이 터져 나왔다.

"배우 하면 딱이겠다. 표정이 아주 리얼해."

"어머, 입 실룩거리는 거랑 주름살 만드는 거 좀 봐. 어쩜 할아버지 연기를 저렇게 잘하니?"

뒤에서 이런 수군거림도 들렸다. 그러든 말든 나는 째보 할아버지 손을 끌고 안쪽으로 들어갔다.

"어째 내 마음을 저러코롬 잘 안대? 전철 탈 때마다 당당하게 일반석에 앉아보는 게 소원이라니께."

뒷집 할아버지가 내 어깨를 두어 번 토닥였다. 괜히 어깨가 으쓱했다.

지하철에서 내려 계단을 올라올 때는 다리가 후들거렸다. 숨이 턱밑까지 차올랐다.

"나 땜에 니가 욕 본다. 많이 힘들재? 그래도 걱정 마라. 곧 원래대로 돌아갈 거다."

계단 중간쯤에서 허리를 구부리고 다리를 주물렀다. 삭신이 쑤신다는 말이 절로 이해됐다.

"어떻게요? 방법 있어요?"

"바뀐 이유가 있으면 되돌아가는 방법도 있겠지."

째보 할아버지가 어물쩍대며 내 눈을 피했다. 처음으로 할아버지도 지금 상황이 불편할지 모르겠다는 생각이 들었다.

출입구를 잘 못 찾는 바람에 한참 헤매다가 간신히 바깥으로 나왔다.

"손자와 할아버지가 나란히 시내 구경 나왔나 보네요? 참 보기 좋습니다."

함박웃음을 지으며 아저씨가 앞을 가로막았다. 아저씨 뒤로 삐뽀삐뽀 소리를 내는 장난감 앰블런스, 귀를 쭉 늘어뜨린 토끼 인형, 삑 소리를 내며 피노키오 코처럼 죽 늘어나는 나팔 같은 장난감들이 펼쳐져 있었다.

"이건 뭐예요?"

내가 가리킨 자동차를 내보이며 아저씨가 '이거요?' 하는 얼굴을 했다.

"역시 어르신 안목이 대단하시네요. 요즘 애들한테 엄청 인기 있는 변신 로봇인데, 한번 보실래요?"

아저씨의 말에 째보 할아버지가 좌판 쪽으로 잔뜩 고개를 들이밀었다.

"보기엔 그냥 자동차인데……."

"그러니까 변신이지. 자 봐라…… '변신' 하고 소리치면서 동시에 여기, 조그만 버튼을 누르면 바로 바뀌는 거야. 중요한 건 말과 누르기를 동시에 같이 해야 된다는 건데……."

자동차 꽁무니에 달린 버튼에 손가락을 대고 아저씨가 '변신' 하고 소리쳤다. 그러자 거짓말처럼 자동차가 메커드 로봇으로 변했다.

"영이, 철이 크로스……. 그거구먼. 우리 아들도 그 만화 엄청 좋아했는데. 이렇게 보니 더 신기하구먼."

째보 할아버지가 눈을 반짝이며 주춤주춤 다가와 앉았다.

"꼬마가 어떻게 그걸 알지? 할아버지한테 들었나 보군. 손자가 이리 좋아하는데 하나 사 주시죠?"

아저씨는 나를 빤히 보며 혀로 입술을 날름 핥았다.

"마음에 들면 하나 사 주마."

째보 할아버지가 나를 쳐다보며 말했다.

"할아버지한테 반말하고 그럼 못써."

아저씨가 째보 할아버지에게 잔뜩 인상을 썼다.

"변신이라는 말과 동시에 짠~ 그것만 기억하면 돼, 알았지?"

그 순간 내 머리에 '동시에'라는 말이 콕 박혔다.

'혹시 그날 할아버지도 나랑 똑같은 걸 빌었던 거 아냐?'

아무리 생각해 봐도 하고많은 사람들 중에 할아버지와 나만

몸이 바뀐 데는 분명 이유가 있을 터였다. 손바닥도 마주쳐야 소리가 나는 법이니까.

"여기까지 따라와 준 거 고마워서 사 주는 거다."

째보 할아버지가 자동차를 내 앞에 쑥 내밀었다.

"벌써 많이들 왔을 테지? 서두르자."

탑골공원 현판이 보이자 마음이 급해지는 모양인지 째보 할아버지가 내 손을 꽉 그러쥐었다.

"할아버지, 그날 있잖아요?"

"그날?"

"별똥별 떨어지던 날이요. 그날 뭐라고 빌었어요?"

"그게…… 그때 너랑 눈이 마주치지만 않았으면 그렇게 비는 게 아닌데."

"그렇게 뭐요? 소문이나 내는 못된 녀석, 없어졌으면 좋겠다고 빈 거 맞죠?"

"그게 아니라, 너처럼 걱정 없는 꼬맹이가 됐음 하고……."

곤란한 걸 들킨 것처럼 째보 할아버지의 얼굴이 붉으락푸르락했다.

"열두 살이 되니까 정말 좋죠? 그래서 예전으로……."

그 말은 차마 할 수 없었다. 째보 할아버지가 계속 나로 살고 싶다고 할까 봐 겁이 났다.

"아유, 난 싫다. 몸만 바뀌면 뭘 하냐? 신경 쓸 것도, 공부할 건 또 어찌나 많은지 단 하루도 못 살겠더라. 내가 공부라면 죽도록 싫어했거든."

째보 할아버지가 이마에 주름까지 만들며 정색했다.

"밭 망가뜨린 건 우리 잘못이니까 공 안 줘도 괜찮아요. 그래도 소문낸 건 진짜 나 아니에요."

"네가 돼 보니 알겠더라. 그사이 오해한 것도 미워한 것도 죄미안하다. 되돌아가면 니 공 다 돌려줄 거구만."

어쩐지 그 말은 거짓말 같지 않았다. 서두르자는 말과는 달리 째보 할아버지는 내 걸음에 맞춰 최대한 천천히 걸었다.

"할아버지, 별똥별 또 떨어질까요?"

"글쎄다. 우리 어렸을 적엔 열흘이 멀다하고 별똥별이 떨어졌는데……. 공기가 안 좋아져서 그런가 요샌 통 못 보겠더라. 그건 갑자기 왜?"

"아니에요. 그냥 별똥별 떨어지면 좋을 것 같아서요."

"그럼 이번엔 내 몸 돌려달라고 빌어야겠다. 너도 빨리 네 몸

찾고 싶재?"

틀니 없이도 마음껏 먹을 수 있고, 이제 축구도 잘 하고, 친구까지 생겼는데, 째보 할아버지 진짜 마음이 궁금했다.

"욘석아, 거짓말 아니고 진짜래도. 너한테 니 몸이 제일 편하고 좀 낡긴 해도 나한텐 내 몸이 제일 편한 법이거든. 안 그냐?"

째보 할아버지가 환하게 웃으며 서두르자며 내 손을 잡아끌었다. 쭈글쭈글한 내 손에 닿은 째보 할아버지의 손이 맨들맨들하고 따뜻했다.

"주말에 엄청난 유성 쇼가 있을 거래. 수십 개의 별똥별이 우수수 쏟아진다던데."

앞서 걷던 형들이 스마트폰을 흔들며 왁자지껄 떠들었다.

입에서는 아구구 소리가 나는데도 자꾸 웃음이 쏟아졌다.

# 인기투표

김일옥

인기투표 그딴 게 뭐라고 그런 말에 휩쓸려서 속상해했을까?
속상할 때, 같이 손잡고 떡볶이를 먹으러
갈 친구가 이렇게 있는데.
난, 내 친구 미진이가 이대로 좋다.

**제현 편**

"우리도 인기투표해 볼래?"

피자를 먹고 있던 아이들이 모두 강휘를 바라봤다. 강휘는 티브이 앞에서 장난기가 가득한 목소리로 말했다.

"연예인 말고, 우리 반 여자애들."

남자아이들은 재미있겠다는 눈빛으로 서로를 바라봤다.

토요일, 오늘은 내 생일 파티를 하는 날이다. 평일에는 반 친구들끼리 같이 모여 놀 시간이 없다. 학원이다 뭐다 서로 바쁘기 때문이다. 그래서 주말에 생일 파티를 하는데 우리는 웬만하면 꼭 참석하는 편이다. 물론 남자애들끼리만 모였다. 3학년 때까진 가끔 여자애들이랑 놀기도 했지만, 4학년이 되면서부터는 부쩍 여자애들은 여자애들끼리 뭉쳐서 놀고, 남자애들은 남자애들끼리 논다. 대개 생일 파티는 피자집이나 작은 레스토랑에서 맛있는 걸 먹다가 야구나 축구를 하러 간다. 헤어지기 아쉬울 땐 주로 피시방에서 게임을 하기도 했다. 내 생일 파티도 마찬가지였다.

그런데 피자집에서 아이돌 인기투표 프로그램에 우리의 관심이 잠시 쏠렸다. 그러다가 우리도 인기투표를 해 보자는 얘기가 나왔다. 처음에는 나도 내가 좋아하는 애를 다른 친구들도 좋아할까 궁금했다. 하지만 티브이 프로그램대로, 우리도 항목을 세밀하게 나누어 평가를 하다 보니, 인기투표가 약간 성적표처럼 변했다. 뭔가 그럴싸하게 보이기도 했지만 마음 한구석은 어쩐지 불편했다. 하지만 우리는 그냥 킥킥거리며 웃기 바빴다. 생일 파티였으니까, 친구들끼리 재미있게 놀려고 했을 뿐이었다.

월요일, 쉬는 시간에 화장실을 갔다 오는데, 복도에서 여자애들 몇몇이 나를 불렀다.

"너희들, 지난 주말에 인기투표했다면서?"

"어…… 그게, 그런 게 아니고…….."

여자애들은 못마땅하다는 얼굴이었다.

"너희들 웃긴다!"

"그래서 누가 1등이야?"

"몰라. 그런 거 없어."

나는 시치미를 뚝 뗐다. 그건 사실이었다. 그냥 외모, 성격, 두뇌, A, B, C 이런 등급을 매겼지, 1등, 2등을 정했던 건 아니었다.

"야, 투표를 했으면 결과를 말해 줘야지."

"등수가 뭐가 중요해?"

"그런 걸 왜 했는데?"

여자애들이 저마다 한마디씩 쏟아내는 틈을 타 나는 잽싸게 교실로 들어왔다. 교실 문이 닫히기 전 세아 말이 귀에 들어왔다.

"틀림없이 강휘 그 녀석이 하자고 했을 거야. 암튼 말하는 거나 하는 짓이 얄미워."

보지도 않고 알다니! 가슴이 뜨끔했다.

교실 뒤편에서는 남자애들이 공놀이를 하고 있었다.

'근데 누가 여자애들에게 말했을까?'

그때 강휘 목소리가 들렸다.

"제현아, 받아. 패스!"

나는 가볍게 탱탱볼을 받았지만, 짜증이 확 솟구쳤다.

설마, 강휘 녀석? 또 아무 생각 없이 떠들어 댄 걸까?

"야, 선생님이 교실에서 공놀이하지 말랬잖아."

나는 탱탱볼을 강휘에게 휙 다시 던져 주고는 얼른 내 자리로 돌아와 앉았다. 여자애들의 못마땅해하는 눈초리가 자꾸만 신경 쓰였다.

여자애들이 우리 모둠으로 몰려왔다. 왜 왔는지 짐작이 갔다. 나는 슬며시 자리를 비웠다. 슬쩍 옆 반 친구를 보러 갔다가 5학년 복도를 한 바퀴 빙 돌아왔는데, 여전히 여자애들이 우리 모둠에 있었다.

"너희들이 뭔데 성적을 매겨?"

강휘랑 몇몇 애들이 "자유, 자유, 자유!"를 외치며 큰 소리로 떠들고 있었다. 떠드는 소리에 귀가 따가웠다. 강휘는 여자애들 속에 있어도 전혀 주눅 들어 보이지 않는다. 강휘는 정말 당당해 보였다.

'저런 모습이 남자답다는 걸까?'

하지만 싸움을 언제까지 보고만 있을 순 없었다.
"여자애들 화내잖아. 그만해. 선생님 오시겠다."
내 말에 강휘가 눈을 흘겼다.
"매번 여자애 편만 들고."
뭐라고? 살짝 어이가 없었다. 여자든 남자든 상대가 싫다고 하면 그만두어야 하는 게 아닌가. 그걸 왜 여자애 편을 든다고 말하는 건지 이해가 되지 않았다. 하지만 강휘랑 다투고 싶지 않아 못 들은 척 별다른 대꾸를 하지 않았다.

교실 분위기가 점점 이상해진다고 느낀 건 수요일이었다. 몇몇 남자애들은 여자애들을 힐끔 쳐다보다가 무슨 암호처럼 ABC, BAA, CBB, 이런 소리를 하면서 킥킥거렸다. ABC, BAA, CBB, 인기투표 성적표다.

여자애들도 그게 무슨 말인지 아는 것 같았다. 여자애들은 짜증을 냈다. 그러면 남자애들은 그 반응이 재미있다는 듯 책상을 두드리면서 웃어댔다. 남자애들은 그냥 장난치는 것뿐이었는데, 여자애들은 정말 기분 나쁘다는 표정을 지었다. 이제 그만했으면 싶었지만, 들뜬 반 분위기는 쉽게 가라앉지 않았다.

교실 한편에서는 인기투표 순위를 궁금해했다.

"그런데 1등은 아무래도 미라겠지?"

"하긴 미라는 우리가 봐도 얼굴도 예쁘고 성격도 좋잖아. 친구들하고 다 친하니까 뭐."

묘하게 비꼬는 말투였다.

"어? 난 가영이가 1등이라고 들었는데."

"가영인 노래 진짜 잘 부르잖아. 지난번 재능 발표회 때 인기 많았잖아."

"하지만 옆 반 남자애들 댄스 실력에 비하면 뭐…… 아무튼 남자애들한테 인기 없어!"

분명 미라도 가영이도 친구들이 제 말을 하는 걸 들었을 텐데도, 못 들은 척했다. 기분이 좋아 보이진 않았다. 반 분위기를 이렇게 만든 게 내 생일 파티 때 일어난 인기투표 때문이어서 나는 친구들에게 괜히 미안했다. 그냥 장난이었는데, 뭔가 큰일이 되어 버린 듯했다. 빨리 시간이 지나 친구들이 인기투표 따윈 까맣게 잊어버렸으면 싶었다.

점심시간, 도서관에 간다니까 강휘가 〈재밌어 시리즈〉 최신판

있으면 빌려 달라고 했다. 〈재밌어 시리즈〉는 요즘 아이들에게 최고 인기다.

도서관에 들어서는데, 세아가 사서 선생님께 묻는 소리가 들렸다.

"책 언제 들어와요?"

나는 세아 곁을 지나쳐 가까운 서가로 들어갔다.

"방금 빌려 갔으니까, 다음 주에 들어오겠지."

사서 선생님 말에 세아가 입을 비쭉거리는 게 보였다.

"아휴, 빨리 읽어 보고 싶은데."

세아가 투덜거리며 도서관을 나갔다. 세아도 〈재밌어 시리즈〉를 빌려 가려고 도서관에 왔나 보다. 하지만 최신판은 도서관 열람실에 꽂혀 있는 경우가 거의 없다. 반납과 동시에 대출이 되니까.

나는 호주머니 속 문화 상품권을 꺼내 가만히 만지작거렸다. 친구들이 생일 선물로 준 문화 상품권, 진즉에 게임 캐시로 바꾸려고 했다. 하지만 바빠서 어영부영하다 보니, 용케 지금껏 보관하고 있었다.

그날 오후, 나는 학원 가는 길에 잠깐 동네 서점에 들렀다. 최신판 〈재밌어 시리즈〉가 다 팔리고 없었다. 모레나 들어온다고 했지만, 그때까진 기다릴 수 없었다.

'어떡하지? 학원 갈 시간인데?'

나는 잠시 망설였지만, 시내 큰 서점까지 가서 결국 최신판 〈재밌어 시리즈〉 책을 샀다. 내일 이 책을 들고 학교에 갈 생각을 하니 뿌듯했다.

다음 날, 나는 세아가 교실에 들어오는 걸 보고 조심스럽게 책가방을 열었다. 세아가 제 자리에 앉는 걸 보고, 나는 자연스럽게, 〈재밌어 시리즈〉 최신판을 꺼내 책상 위에 올려놓았다.

"어, 최신판이다. 너 이거 어제 빌렸어?"

세아보다 짝꿍인 강휘가 먼저 책을 발견했다. 하지만 강휘의 큰 목소리 덕분에 세아도 날 쳐다봤다.

"아니, 도서관에서 다 대출되었다길래, 그냥 샀어."

세아가 외쳤다.

"제현아, 너 그거 다 보고 나 빌려줄래?"

나는 저절로 벌어지려는 입술을 꾹 눌러 웃음을 참았다.

"난 어제 다 읽었어. 자."

나는 세아에게 책을 내밀었다.

"고마워."

세아의 이 말 한마디에 문화 상품권이 전혀 아깝지 않았다.

그런데 강휘가 성질을 발칵 냈다.

"야, 이제현, 내가 먼저 빌려 달라고 했잖아."

세아가 멋쩍게 웃었다.

"미안. 하지만 빌려 달라고 한 건 내가 먼저였어."

"어제 제현이가 도서관 갈 때 책 빌려 달라고 했거든. 그런데 제현이, 너! 여자애한테 먼저 빌려주고, 치사하게."

"이건 도서관 책이 아니잖아. 제현이 건데 제현이 맘이지."

강휘랑 세아가 다투는 걸 보니 좀 당황스러웠다. 어제 강휘가 도서관에서 책 빌려 달라고 했던 일은 깜빡 잊고 있었다. 나는 강휘에게 조금 미안했지만, 어쩔 수 없었다.

"에이, 남자가 왜 그래? 레이디 퍼스트도 몰라. 여자애한테 양보해 줘."

내 말에 강휘도, 세아도 화를 냈다.

"어쭈, 너, 여자애 편이야? 하여튼 여자 상위 시대라니까. 여자면 다 된다니까."

"야, 내가 먼저 빌려 달라고 해서 빌려준 건데, 거기에 그런 말이 왜 나오니?"

강휘가 인상을 팍 썼다.

"이건 우리 반 남자애들이 생일 선물로 준 문화 상품권으로 산 책이니까 당연히 남자가 먼저 봐야지."

"생일 선물로 줬으면 그만이지, 그걸로 이래라 저래라 하는 건 또 뭐니?"

"한마디도 꼭 안 지려고 해요. 인기투표 꼴찌 주제에. 프, 프, 프!"

강휘 입에서는 침까지 튀었다.

세아 얼굴이 새빨개졌다.

다행히 곧 선생님이 들어오시는 바람에 강휘랑 세아는 제 자리로 돌아가 앉았다.


나는 온종일 세아를 힐끗거리며 쳐다봤다. 세아는 기분이 우울해 보였다. 꼴찌라는 말을 듣다니, 얼마나 속상할까 싶으니 내 마음도 함께 가라앉았다. 이게 강휘 탓인 듯해서 강휘 녀석이 밉게만 느껴졌다. 아니 애초에 책을 안 들고 왔더라면 강휘랑 싸우지도 않았을 텐데 싶으니 내 행동도 후회스러웠다.

  방과 후, 나는 한참을 핸드폰을 만지작거렸다. 몇 번이나 문자를 쓰고 지우기를 반복했다. 마침내 나는 세아에게 문자를 보냈다.

  - 강휘가 F, F, F라고 해서 속상했지?
  사실 나는 네가 A, A, A라고 생각해.
  그러니까 속상한 거 풀고 기운 내.

  답문이 안 올지도 모른다. 하지만 잠시 후, 답문이 왔다. 나는 가슴이 콩닥콩닥 뛰었다. 내가 세아를 좋아한다는 걸 알아채면 어쩌나, 고백이라고 생각할까? 세아가 뭐라고 할지 심장이 너무 떨려 왔다.

  - 내가 한우야? 왜 등급을 매기는 거야?
  기분 나쁘니까 문자 보내지 마.

  세아에게 뺨을 얻어맞은 느낌이었다. 왠지 미안했고, 세아가 속상해하니까 위로를 해 주고 싶었다. 용기까지 내어 문자를 보냈는데, 세아는 왜 화를 내는 걸까?

 다음 날, 세아는 책을 곧장 돌려주었다. 잘 읽었어, 고마워. 하는 말에 진심이라곤 하나도 느껴지지 않았다. 나는 아무 대꾸도 없이 책을 가방에 집어넣었다. 예전보다 사이가 더 나빠진 듯했다.


 우리 반 분위기가 갈수록 날카로워졌다. 공기 중에 날카로운 가시들이 둥둥 떠다니다 서로를 찔러 대는 듯했다. 결국 사건이 터졌다.

 쉬는 시간 강휘가 미진이를 '뚱땡이'라고 불렀다. 미진이는 그런 말을 들으면 가만히 있진 않는다. 그걸 알고도 뚱땡이라고 놀리다니.

 여느 때처럼 미진이는 노려만 보지 않고 강휘의 등을 후려쳤다. 화가 난 강휘는 미진이를 밀쳤고, 미진이는 엉덩방아를 찧으며 뒤로 넘어졌다. 친구들이 우르르 몰려와 싸움을 말리려고 했지만 둘의 싸움은 선생님이 오신 후 겨우 멈췄다.

선생님은 미진이와 강휘가 싸우게 된 이유를 듣고 둘 다 혼을 내시는 듯했지만, 은근히 미진이 편을 드는 것 같았다.

"여자애가 때리면 얼마나 아프다고, 남자가 그걸 못 참고 여자애를 밀치니?"

강휘가 불퉁한 소리로 물었다.

"그럼 여자애들은 때려도 되고 남자는 맞기만 해요?"

설마 선생님도 여자라고 여자 편을 드시는 건가 싶었다. 그때 난 정말 선생님에게 실망했다. 여자애가 때려도 아프다. 남자는 뭐 바위 덩어리인 줄 아나. 나는 선생님이 좀 더 공정하게 말씀을 해 주시길 바랐다.

"여자든 남자든 서로 때리거나 밀치면 안 되는 거야."

선생님은 절대 남의 신체에 대해 별명을 붙여 부르지 말라고 하셨다. 어떤 일이 있어도 서로 때리거나 밀치지 말라고 하셨다.

그때 세아가 갑자기 손을 들었다.

"AAA니 ABC, FFF 같은 말도 안 했으면 좋겠어요."

선생님이 그게 무슨 말이냐고 물었다.

그러자 여자애들이 인기투표에 대한 말을 와르르 쏟아내기 시작했다.

우리는 선생님께 단체로 엄청 혼이 났다. 같은 반 친구들에게 점수를 매기는 것이 나쁘다고 하셨다. 그 말은 뒤늦게 인정을 한다. 하지만 여자애들이 밉거나 싫어서 인기투표를 한 건 아니었다. 그저 가벼운 장난일 뿐이었다.

하지만 남자애들은 여자애들 때문에 선생님께 혼이 났다고 생각하는 것 같았고, 여자애들은 남자애들이 멋대로 평가한 것에 화를 냈다. 이 일로 인해 남자애들과 여자애들 사이는 더욱 나빠져 버렸다. 서로가 서로에게 말 한마디 건네기 힘들 만큼 교실 분위기는 얼음장처럼 차가웠다. 금방이라도 쩽 소리를 내며 갈라질 것만 같았다.

도대체 어디서부터 일이 잘못된 걸까?

### 세아 편

남자애들이 모여서 인기투표를 했다고 한다. 그 말을 처음 들었을 땐 궁금했다. 남자애들은 누굴 가장 좋아할까? 나는 인기가 있는 편일까? 그런데 누가 예쁘고, 어떤 성격이 좋고 싫다는 둥, 머리가 좋다 나쁘다면서 점수를 매겼다는 말을 들으니까 기분이 나빴다.

인기투표를 모의한 주범이 강휘이다 보니, 우리는 강휘에게 몰려가 따졌다

"야, 너네가 왜 우리 점수를 매기고 그래?"

강휘는 턱을 치켜들며 말했다.

"그냥 인기투표잖아. 누가 인기가 많은지 알아보는 건데, 왜 하면 안 되는데!"

남자애들이 강휘 편을 들었다.

"우리가 우리 맘대로 이런 것도 못 하냐? 우리 반에는 이런 자유도 없어?"

남자애들은 한목소리로 "자유, 자유, 자유!"를 외쳐댔다.

'자유'라는 말을 이렇게 아무 데나 쓰다니 정말 어이가 없다. 남자애들은 왜 우리가 말을 하면 모든 걸 다 장난처럼 얼렁뚱땅 넘겨 버리려고 하는 걸까? 그런 애들 장난에 신이 난 듯 강휘는 더욱 우쭐거렸다.

"예쁜 애들은 가만있는데, 꼭 못생긴 것들이 난리야."

'저, 저 못된 녀석.'

강휘는 제가 조금만 불리하면 꼭 못생겼다는 말을 들먹인다. 예쁘다, 못생겼다는 말 말고는 아는 단어가 없는 걸까?

"그만해! 미안해."

그때 회장인 제현이가 다가와 애들을 말리지 않았더라면, 싸움이 났을지도 모른다.

강휘는 못마땅하다는 듯 말했다.

"뭐가 미안하냐?"

제현이가 말했다.

"여자애들이 화내잖아. 그만하자. 선생님 들어오시겠다."


반 분위기가 좀 뒤숭숭하긴 했지만, 사실 나는 별 신경 쓰지 않았다. 인기투표에 대한 말들이 교실에 둥둥 떠다녔지만, 크게 관심을 기울이진 않았다. 친구들에게 인기가 많으면 좋긴 하겠지만, 인기가 없어도 별 상관없다고 생각했다. 친한 친구들끼리 놀면 되니까. 비밀인데 나도 좋아하는 애가 있다. 그 애도 날 좋아하는 듯했다. 그 애를 생각하면 가슴이 간질간질하다. 그래서 인기투표 따윈 나와는 별 상관없는 일이라고 생각했다.

화장실에 갔다가 교실 뒷문으로 들어올 때였다. 뭔가가 눈앞으로 휙 날아왔다. 나는 너무 놀라 소리를 지르며 주저앉을 뻔했다. 탱탱볼이 교실 뒷문에 부딪히며 안으로 다시 튕겨 들어갔다. 남자애들은 요즘 교실 뒤편에서 점심시간마다 공놀이를 했다.
"미안!"
누군가가 사과를 하는 듯했지만 짜증이 났다.
"야, 공을 던지면 어떡해."
"그래서 미안하다고 했잖아."
"미안하면 다야?"
"아, 진짜! 맞지도 않았잖아. 다친 것도 아니면서 괜히 성질부리고 있어! 하여튼 여자애들이란."
도리어 내게 잘못을 뒤집어씌우는 것 같아 화가 나서 남자애들을 노려봤다.

그때 강휘가 낄낄거리며 말했다.

"어휴, 저 눈 좀 봐라. 눈에서 레이저 나오겠다."

애들이 와르르 웃었다.

"야, 장세아. 넌 그렇게 남자한테 따져야 속이 시원하냐? 그냥 못 넘어가?"

도대체 내가 뭘, 어떻게 따졌다는 건지 알 수 없었다. 난 그냥 화가 났을 뿐이다. 진짜 맞을 뻔했으니까. 그런데 왜 이런 말까지 들어야 하는 걸까.

"네가 그러니까 프프프지."

'프프프? 그게 무슨 말이지?'

"네가 인기투표 꼴찌라고, 알아?"

남자애들은 깔깔거리며 저희들끼리 우르르 다른 곳으로 몰려갔고, 혼자 남겨진 나는 충격에 빠졌다.

갑자기 발밑에 있는 바닥이 쑥 꺼져 버린 듯했다.

'어떻게, 어째서 내가 인기투표 꼴찌라는 거지?'

꼴찌라는 말이 가시처럼 콕콕 가슴을 찔러 왔다.


"세아야, 괜찮아? 안 다쳤어?"

놀란 미진이가 내게 다가왔다. 나는 아무 말 없이 고개만 끄덕였다.

"하여튼 우리 반 사고뭉치들이라니까. 세아야, 신경 쓰지 마."

나는 건성으로 고개를 끄덕였지만 사실 미진이 말은 귀에 들어오지도 않았다. 옆에 있는 다른 애들도 킥킥 웃는 것만 같았다. 너무 화가 나면, 그 순간에는 아무런 대꾸도 하지 못한다더니, 내가 정말 그랬다. 바보같이 왜 눈물은 쏟아지려고 하는지, 진짜 자존심이 상했다. 남자애들에게 인기가 없다고 해서 화가 난 게 아니다. 인기가 없다는 건 친구들이 날 싫어한다는 말일 테고, 꼴찌라는 건 친구들 모두가 날 싫어한다는 말처럼 들렸다. 나는 그렇지 않다고 반박하지도, 무시하지도 못했다. 그저 놀라 움츠러들었을 뿐이었다.

왜 내가 싫은 거지? 언제부터 날 싫어했을까? 이런 마음만 자꾸 생겨났다.

다음 날, 속상했지만, 그런 일 따윈 신경 쓰지 않으려 했다. 그래서 일부러 더 씩씩하게 친구들을 대했다. 얄미운 강휘 녀석만 아니었다면 그냥 넘어갔을지도 모른다.

"어, 최신판이다. 너 이거 어제 빌렸어?"

강휘 말에 고개를 돌려 보니, 제현이 책상에 〈재밌어 시리즈〉 최신판이 있었다. 읽고 싶은 책이었는데 무척 반가웠다. 내가 책을 빌려줄 수 있냐고 물었더니, 제현이는 기다렸다는 듯 내게 책을 주었다. 제현이는 어제 다 읽었다고 했다. 안 본 친구들을 위해서 일부러 갖고 온 게 틀림없었다.

그런데 강휘도 책을 보고 싶었는지 괜히 제현이에게 화를 냈다. 자기가 먼저 빌려 달라고 했는데, 왜 내게 먼저 빌려주냐고 했다. 사실 책을 먼저 본 건 강휘였지만, 직접 빌려 달라고 말한 건 내가 먼저였다. 그런데도 강휘는 일단 우기기부터 했다.

심지어 자기가 선물로 준 문화 상품권으로 산 책이니까 자기가 먼저 봐야 한다고도 했다. 제현이가 어쩔 줄 몰라 하는 걸 보니 괜히 내가 속상했다. 제현이는 왜 강휘 같은 애랑 친하게 지내는지 잘 모르겠다.

"제현이 책인데, 제현이 맘이지."

내가 제현이 편을 들자 강휘가 나를 보며 말했다.

"프프프 주제에!"

갑자기 무언가가 내 마음에 생겨나 나를 누르는 듯했다.

"장세아. 네가 그러니까 인기투표 꼴찌지!"

처음에는 그저 작은 덩어리였다. 그냥 잠시 기분이 나쁠 만큼 작은 무게였는데, 강휘 말을 들을 때마다 그 덩어리는 몸집을 키우는 듯했다. 순식간에 숨이 막혀 올 만큼 무겁게 느껴졌다.

온종일 나는 무언가에 짓눌린 사람처럼 우울했다. '네가 그러니까'라는 말이 머릿속을 떠나지 않았다.

'내가 도대체 뭘 어쨌다는 걸까? 정말 내 성격이 못된 걸까?'

'뭐가 잘못된 걸까?'

방과 후 미진이랑 같이 집으로 돌아갈 때도 울적했다. 내가 아무런 말도 하지 않아서인지 미진이가 무슨 일이냐고 계속 꼬치꼬치 물었다.

대꾸하기도 싫었지만 억지로 입을 열었다.

"아무것도 아니야. 그냥…… 좀."

"설마 남자애들이 너더러 꼴찌라고 해서 그래? 그런 말도 안 되는 소리를 믿는 거 아니겠지?"

나는 놀라 주춤거렸다.

미진이도 알고 있었구나! 언제부터?
"그런 거 아니라니까."

그때 내 핸드폰에서 띠롱 소리가 났다. 제현이가 보낸 문자다.

－강휘가 F, F, F라고 해서 속상했지?
　사실 나는 네가 A, A, A라고 생각해.
　그러니까 속상한 거 풀고 기운 내.

"누구야?"
미진이가 조심스럽게 물었다.
나는 얼른 핸드폰 화면을 꺼 버렸다.
"스팸 문자야!"

제현이도 내가 꼴찌라는 거 이미 알고 있었다. 제현이도 다른 애랑 같이 인기투표를 했을 테지! 그러면서 왜 이런 문자를 보낸 거야? 나한테 책은 왜 빌려줬지? 내가 불쌍했나?
"나쁜 놈들! 다 똑같아."

나는 다시 핸드폰을 열어 답문을 날렸다.

- 내가 한우냐. 이런 문자…….

다음 날, 난 얼른 책을 제현이에게 돌려주고, 더 이상 아는 척도 하지 않았다. 물론 강휘가 있는 곳으로는 시선도 주지 않았다. 나는 더 이상 애들이 인기투표에 관한 말을 꺼내지 않았으면 했다. 하지만 미진이는 날 위로해 주기 위해서인지 자꾸만 인기투표 이야기를 꺼냈다.
"사실은 네가 꼴등이 아니고 주현이래."
꼴찌가 누구든 1등이 누구든 그게 무슨 상관일까? 아무런 의미가 없었다. 설사 내가 꼴찌가 아니라 해도 난 이미 '꼴찌 세아'로 아이들 머릿속에 꽉 박혀 있을 테니.
옆에 있던 소희가 끼어들었다.
"뭐? 주현이는 미라 단짝이잖아?"
"요새 짝꿍이던 주현이랑도 멀어졌대. 돋보이려고 주현이하고만 노냐고 누가 그랬거든."

나는 더 이상 참지 못하고 소리쳤다.

"너희들도 왜 남자애들처럼 말해?"

정말 이런 이야기, 말도 되지 않는 소리에 휘둘리고 싶지 않았다. 가만히 있으면 숨이 막혀 죽을 것 같았다. 나는 있는 힘껏 가슴 속에 있는 덩어리를 밀어냈다.

"우리 그렇게 말하지 말자. 미라도 주현이도 그런 애가 아니잖아."

미진이가 고개를 끄떡이는 모습을 보자 가슴속 덩어리는 어이없게도 힘없이 밀려났다.

"맞아. 괜히 이상한 말 들으면 그 애들도 속상하겠다."

"이게 다 남자애들 때문이야."

그러자 몇몇 여자애들이 남자애들에게 복수하자고 했다. 나는 조용히 듣기만 했다. 우리도 남자애들 인기 등급을 만들자고 했다. 햇빛, 달빛, 별빛, 똥빛으로 등급을 나눠서, 몇 퍼센트 이상 표를 받아야 등급을 올려 주네 마네 하는 소리까지 들렸다.

강휘에 대한 여자애들의 평가는 죄다 똥빛! 이라고 했다.

친구들이 내 복수를 위해 한마음으로 나서 주는 건 고마웠지만, 그럴수록 나는 비참했다. '그럼 나는 여자애들 중에서 꼴찌

고, 강휘는 남자 중에 꼴찌? 내가 그럼 강휘 같은 애란 말이야?'

가슴속에 또 덩어리가 생겨나는 것 같았다. 나는 고개를 흔들었다.

"우리가 걔들이랑 똑같이 놀 건 없잖아. 난 그러기 싫어."

잠깐 친구들은 말이 없었다.

서로를 쳐다보다가 고개를 끄덕였다.

"그래, 그런 거 하지 말자."

가슴속 덩어리가 먼지처럼 흩어지는 듯했다.

하지만 반 분위기가 몹시 날카로웠기 때문인지 결국 싸움으로 번졌다. 내 단짝 친구 미진이는 좀 크다. 누군들 마찬가지 마음이겠지만, 미진이는 '뚱땡이'라고 불리는 걸 몹시 싫어한다. 그런 말을 들으면 미진이는 거의 자동 반사처럼 손이 나간다.

그렇지 않아도 여자애들에게 미운 털이 박혀 있던 강휘가 그랬으니, 미진이의 등짝 스매싱이 얼마나 매웠을지는 안 봐도 뻔했다. 하지만 그 일로 강휘랑 몸싸움까지 하게 될 줄은 몰랐다. 4학년 때까지 미진이에게 감히 덤빌 상대가 없었는데, 5학년이 되자 상황은 달라졌다. 남자애들 덩치가 만만치 않았다. 나는 미진이가 요란한 소리를 내며 의자 위로 나동그라지는 걸 보고 놀라 그

곳으로 달려갔다.

　어떤 애들은 선생님을 부르러 뛰어갔고, 나는 옆에서 미진이를 감싸 안으며 몸싸움을 말렸다. 제현이랑 몇몇 애들이 강휘를 뒤에서 끌어안는 것 같지만, 강휘는 발길질을 멈추지 않았다. 다행히 둘 다 다치진 않았다.

　우르르 몰려와 싸움 구경만 하는 아이들이 정말 미웠다. 저희들끼리 킥킥대는 소리, 멀뚱히 쳐다만 보는 시선, 모두 정말 싫었다.

　우리는 단체로 선생님께 야단을 맞았다. 선생님은 남의 신체에 대해 별명을 붙여 부르는 건 나쁜 일이라고 하셨다. 무엇보다 어떤 일이 있어도 서로 때리거나 밀치지 말라고 하셨지만 이때만큼은 나도 강휘를 때려 주고 싶었다.

　선생님은 강휘랑 미진이에게 서로 사과를 하라고 했다. 미진이랑 강휘는 억지로 서로 사과했지만 둘 다 화는 풀리지 않았다. 남자애들을 잔뜩 혼내 주지 않는 선생님이 야속했다.

　선생님은 우리 반에서 하지 말아야 할 몇 가지 규칙들을 정해 주셨다.

　나는 손을 번쩍 들었다.

"AAA니 ABC, FFF 같은 말도 안 했으면 좋겠어요."

선생님이 그게 무슨 말이냐고 물었다.

그러자 여자애들이 인기투표 얘기를 와르르 쏟아내기 시작했다. 그동안 우리는 정말 쌓인 게 많았다. 선생님께 혼나는 남자애들을 보니 조금은 속이 시원했지만, 무언가 마음에 맺힌 건 풀리지 않았다.

오늘 미진이가 얼마나 속상했을까 생각하니 내 마음도 덩달아 울적했다. 수업을 마치고 집으로 가는 동안에도 미진이랑 나는 아무런 말을 하지 않았다. 지난번 내가 꼴찌라는 걸 알고 나서 미진이도 이런 마음이었겠구나 싶었다. 뭐라고 위로를 해 주고 싶은데 어떻게 말을 건네야 할지 모르겠다.

미진이가 힘없이 중얼거렸다.

"저기……. 애들이 나 싸움쟁이라고 하겠지? 그치?"

미진이는 마음에 걸렸는지 살짝 얼굴도 찌푸렸다.

"치고 박고, 창피해."

나는 살짝 미진이 손을 잡았다.

"자랑스러울 거까지야 없지만, 창피할 건 또 뭐야. 싸울 수도 있지."

"……."

미진이가 내 손을 꽉 잡아 왔다.

"나, 기분도 울적한데, 우리 매운 떡볶이 먹고 갈래?"

"그래, 좋아!"

우린 떡볶이를 먹으러 갔다. 인기투표 그딴 게 뭐라고 그런 말에 휩쓸려서 속상해했을까? 속상할 때, 같이 손잡고 떡볶이를 먹으러 갈 친구가 이렇게 있는데. 난, 내 친구 미진이가 이대로 좋다. 미진이도 지금 그대로의 나를 좋아한다. 나는 이런 우리가 좋다. 우리는 이대로 충분하다.

# 오 모둠 냄새

송아주

왜 자꾸 갈라놓으려는 거지?
아침에 학철이가 놀렸을 때 기영이가 평소보다 훨씬 더 화를 낸 이유를
이제야 알았다. 길을 막아 놨으니 기영이는 오던 길을
되돌아가 뱅뱅 돌아 학교에 왔을 것이다.

새 학년 첫날의 5학년 5반.

하은이가 교실에 들어가자마자 아이들이 고개를 돌렸다.

아는 친구를 기다리는 얼굴들이었다. 즐겁고 편안한 학교생활을 위한 첫 번째 조건은 성적도 선생님도 아닌 바로 친구니까!

'아는 친구가 있을까?'

아쉽게도 하은이는 짝꿍 친구를 찾지 못했다. 모두 다 처음 보는 얼굴이니 빈자리에 가서 친구를 기다리기로 했다.

지금까지 경험에 비춰 보면 친구를 사귈 수 있는 시간은 학년이 시작하는 첫 일주일에 끝난다. 그 황금 시간을 놓치면 친구를 만들기도 어렵고, 무리에 들어가는 것은 더 어려워진다. 일주일

중에서도 가장 중요한 날은 말할 것도 없이 바로 이 순간!

'좋은 친구가 나타났으면!'

마음속으로 기도하고 있을 때 반가운 이름이 들려왔다.

"안녕, 나는 이정인이야."

이정인?

하은이는 이끌리듯 뒤돌아보았다. 진짜로 4학년 때 같은 반 남학생 정인이가 맞았다. 정인이는 들어오자마자 낯선 남자애와 인사했다.

정인이는 친절한 성격으로 여자들에게도 인기가 높았다.

"안녕, 난 박기영이야."

하은이는 귀를 쫑긋 세우고 둘의 대화를 들었다. 남자애들이 처음에 어떻게 친구가 되는지 궁금했다.

"너 축구 좋아해?"

박기영이 물었다.

"응, 나 레알 마드리드 팬이야."

"와, 레알?"

"어제 바르셀로나랑 경기하는 거 봤어?"

"당연하지! 너도 봤구나."

1분도 안 걸려 두 친구는 마음이 착착 맞아 들어갔다.

둘은 축구팀 레알 마드리드의 길고 긴 역사를 공통으로 누렸고, 만난 지 몇 분 만에 오래 사귄 친구처럼 즐겁게 이야기를 나누었다.

남학생들은 주로 운동이나 게임으로 친구를 사귀지만 여학생들은 달랐다. 하은이 경우에는 느낌이 잘 통하는 친구를 사귀고 싶었다. 예를 들면 같은 연예인을 좋아한다거나, 생각이 비슷해서 대화가 잘 통하면 금방 친구가 된다.

하지만 여학생, 남학생 모두 뭐니 뭐니 해도 친구가 되는 지름길은 따로 있었다.

바로 같은 단지에 사는 것!

하은이가 3단지에 사는 아이들을 떠올리고 있을 때였다.

"안녕, 하은아."

반가운 마음으로 뒤돌아보니 서윤이었다. 서윤이 옆에는 하은이가 처음 보는 아이도 있었다. 그 친구가 손을 흔들며 밝게 인사했다. 하은이는 그 친구가 마음에 들었다.

두 친구는 나란히 하은이 앞자리에 앉았다.

"얘는 하은이고 3단지에 살아. 얘는 미연이고, 4단지야."

서윤이가 새로운 친구를 소개시켜 주었다. 서윤이는 하은이와 같은 3단지에 살다가 올해 겨울 4단지로 이사 갔다.

하은이네 학교는 아파트 단지 안에 있다. 주로, 1단지는 10평대, 2단지는 20평대, 3단지는 30평대, 4단지는 가장 넓은 40평대다. 5단지도 있는데 그곳은 대부분 임대아파트였다.

"하은아."

또 누가 이름을 부를까, 하은이는 잔뜩 기대감에 부풀었다.

지우였다! 지우는 하은이에게 손을 흔들면서 뛰어왔다.

'야호! 드디어 일 년을 함께 할 단짝 친구가 나타났어!'

지우는 하은이와 같은 단지에 살고, 4학년 때까지 학원에도 함께 다녔다.

지우라는 든든한 친구가 생겼으니 이제 곧 친구 무리가 자연스럽게 만들어질 것이다. 친구 사귈 걱정이 사라졌고 즐거운 5학년 생활이 시작되었다.

하은이는 지우와 짝꿍이 되었고, 앞자리 서윤이 미연이와도 금방 친해졌다. 네 명이서 즐겁게 이야기를 나누는 동안 어느새 반 아이들이 모두 등교했고, 마지막으로 선생님이 교실에 들어왔다.

선생님이 오자 붕붕 떠 있던 분위기가 금세 가라앉았다.

새 학년이 시작되면 대부분 1교시는 자기소개 시간이었다.

하은이는 앞에 나가 말하려니 떨리기도 했지만 어떤 친구들과 같은 반이 되었는지 또 한편 기대됐다.

첫 번째 친구가 앞으로 나갔다.

"안녕, 나는 4단지에 사는 창규야. 우리 집은 프렌치 불독을 키우고."

그러면서 창규는 불독 코처럼 자기 코를 손가락으로 들어 올렸고 반에 까르르 웃음이 터졌다.

"그리고 또 나는 커서 로봇 과학자가 될 거야! 친하게 지내자."

창규가 멋지게 소개를 마치자 커다란 박수 소리가 울렸다. 하은이도 힘껏 손뼉을 쳤다.

두 번째, 세 번째 친구들도 연이어 소개를 했다. 좋아하는 동물이나 연예인, 과목, 이루고 싶은 꿈 등을 알려주었다. 하은이는 친구들 한 명 한 명이 하는 말에 귀를 쫑긋 세웠다. 자기소개 시간이 끝나자 훨씬 더 친해진 느낌이었다. 다른 아이들도 비슷한 마음인지 교실 분위기가 활기찼다.

2교시에는 모둠을 나누었다. 29명의 학생들이 6명씩 조를 이뤄 다섯 모둠을 만들었다.

"이제 자리가 다 정해졌으니 모두 친하게 지내세요."

선생님이 동그랗게 모여 앉은 학생들을 보며 활짝 웃었다.

"하은아, 신기하지 않니?"

지우가 귓속말을 했다.

"뭐가?"

"봐봐, 우리 모둠은 다들 3단지잖아."

하은이네는 3모둠이었다. 지우는 재미있는 표정으로 다른 모둠을 쭉 둘러보았다.

지우를 따라 둘러보던 하은이는 깜짝 놀랐다.

1단지에 사는 아이들은 1모둠이었고, 2, 3, 4 모둠도 마치 미리 약속이나 한 것처럼 단지별로 모여 앉았다. 정말 신기했다.

오로지 5모둠만이 달랐다.

5단지에 사는 박기영과 이현아, 4단지 정인이, 2단지에 산다는 남학생 김학철. 그리고 아파트에 살지 않는 오새미.

"에이 이게 뭐야. 여기는 임대에 판자촌이잖아."

학철이란 남자애가 툴툴댔다.

임대에 판자촌?

정인이는 짝꿍 기영이가 움찔하는 것을 느꼈다. 기영이는 5단지 임대 아파트에 산다고 했다.

"야, 친구한테 그게 무슨 말이야!"

정인이가 나무랐다.

"웃기시네. 쟤네가 왜 내 친구냐?"

김학철은 박기영과 이현아, 오새미를 차례로 보며 말했다. 현아라는 여자애는 5단지에, 새미라는 여자애는 아파트 건너편에 산다고 했다. 그곳에는 작고 허름한 집들이 모여 있었다.

"야, 학철아, 빨랑 여기로 이사 와."

그때 누군가 말했다. 그 말에 몇몇이 와하하, 웃음을 터뜨렸다. 하지만 5모둠 아이들은 못 들은 척 얼굴을 돌렸다.

"그렇게 친구를 놀리면 안 돼요."

선생님이 경고했지만 별 소용이 없을 거란 것을 학생들은 금방 눈치챘다.

김학철이 씩씩하게 웃으면서 "네!" 하고 대답했기 때문이었다.

정인이는 고개를 절레절레 흔들었다.

'찐따 중에 왕 찐따, 김학철.'

수업을 마치고 정인이와 기영이는 나란히 함께 집으로 가며 못다 한 축구 이야기를 나누었다.

"기영아. 나중에 우리 집에서 프리미어 리그 같이 보자."

"좋아!"

기영이는 선수부터 리그 역사까지 모르는 게 없는 멋진 척척박사 친구였다.

정인이는 친구와 헤어졌어도 뿌듯한 마음이 가라앉지 않았다. 기영이라는 멋진 친구를 만나서였다.

정인이가 승강기에 올랐을 때 못 보던 공고문이 벽에 붙어 있었다.

– 어린이 놀이터 이용 시 준수 사항 –

당 아파트 어린이 놀이터 이용 시 아래와 같이 준수 사항을 공고하니 이용자는 필히 준수하여 주시기 바랍니다.

이용 대상자–초람 아파트 거주자

(1, 2, 3, 4 단지 5단지 101, 102동)

무단 이용 발생 시…….

'어? 왜 5단지 201동부터 302동이 빠져 있지?'

이상했다. 거기 사는 친구들은 그럼?

정인이는 내리기 직전에서야 공고문 뜻을 이해했다.

그것은 임대 아파트에 사는 어린이는 오지 말라는 뜻이었다.

'와, 정말 너무 했다.'

정인이는 공고문을 떼어내 신주머니에 아무렇게나 구겨 넣었다.

기영이가 언제 놀러 올지 모르는데 이것을 보게 할 수는 없었다.


"기영아, 요즘 학교생활 어떠니?"

아빠가 식탁 위에 보글보글 끓고 있는 김치찌개 냄비를 올리면서 물었다. 엄마는 오늘 야간 근무였다.

"뭐가?"

기영이는 휴대폰에서 고개를 들지 않고 되물었다. 작은 화면 속에서 축구 경기가 한창이었다. 현재까지 바르셀로나는 리그에서 무실점 무패 기록을 세워 가고 있었다.

"친구는 사귀었어?"

아빠가 냄비 뚜껑을 열었다. 돼지고기를 넣은 빨간 찌개가 무척 맛있어 보였다.

"응."

기영이는 순간 정인이 얼굴이 떠올랐고 친구 생각에 저절로 웃음이 났다.

"녀석, 좀 자세히 말해 봐라. 밥 먹을 때는 휴대폰 내려놓고."

아빠가 나무랐다.

"큭큭. 아빠도 엄마한테 밥 먹을 때 휴대폰 본다고 혼나잖아."

기영이가 뜨거운 찌개 국물을 한 숟가락 크게 떠서 호호 불며 맛보았다. 역시! 아빠의 김치찌개 솜씨는 대단하다. 기영이는 본격적으로 저녁을 먹었다.

"친구들은 어떠니?"

아빠가 또 물었다. 혹시 기영이가 임대 아파트에 산다고 놀림받는 것은 아닌지 은근히 불안했다. 엘리베이터에 붙은 놀이터 공고문을 보고나서부터 시작된 걱정이었다.

"친구면 그냥 친구지, 뭐가 어때?"

아빠는 웃으면서 대답하는 기영이를 보자 안심이 되었다.

"그래 네 말이 맞다, 친구가 친구지, 사이좋게 잘 지내라."

아빠는 그제야 찌개 맛을 보았다.

"내가 했지만 진짜 끝내준다. 하긴 뭐, 우리 기영이야 걱정 없지. 나 닮아서 성격 좋고, 잘생기고."

"아빠!"

기영이가 먹다 말고 갑자기 진지해졌다.

"치사하게 고기만 골라 먹을 거야?"

다음 날.

정인이는 교실에 들어가자마자 학철이와 현아가 다투고 있는 것을 보았다.

"나 아니라고 했잖아! 네가 봤어?"

현아는 약이 바짝 올랐다.

"야, 소리도 없는 방귀 범인을 어떻게 찾아!"

학철이는 더 신이 나서 놀려댔다.

"그런데, 왜 나한테만 그러는 건데!"

현아가 따졌다.

"메롱! 여기서 냄새가 나거든. 안 그러니, 애들아?"

학철이가 현아 쪽으로 몸을 기울이고는 코를 벌름거렸다.

"김학철. 그만해."

정인이가 참다못해 말렸다.

"오호, 너 쟤랑 사귀냐?"

김학철이 이번에는 정인이를 놀렸다.

"그만하라고!"

정인이가 의자에서 벌떡 일어났다.

"오호, 점점 더 의심스러운데?"

김학철은 정인이를 향해 메롱 약을 올리고는 자기 무리를 이끌고 밖으로 나가 버렸다.

복도 밖에서 김학철 무리가 오 모둠에서는 방귀 냄새가 난다며 떠들썩하게 웃었다.

"상관하지 마, 쟤네 패거리 못되기로 유명해. 자기보다 약한 애들 왕따시키고, 놀려먹거든."

새미가 현아를 달래 주었다. 현아는 속이 상한지 책상에 엎드렸다.

정인이는 화를 참으며 숨을 깊게 들이마셨다. 그때 이상한 냄새를 맡았다. 방귀 냄새 비슷한, 아니 방귀 냄새가 틀림없었다.

다음 날에도 방귀 냄새는 사라지지 않았다. 학철이는 오자마자 코를 감쌌다.

"으악. 똥 냄새."

학철이가 주변을 두리번거리더니 책상 위에 기영이 휴대폰을 잽싸게 낚아챘다.

"이 냄새 이 똥폰에서 나는 거 아니야?"

학철이가 휴대폰 냄새를 맡으며 토하는 시늉을 했다.

"너 그냥 안 둔다!"

기영이 말에 학철이가 움찔했다.

"김학철, 그거 돌려줘!"

새미였다. 학철이가 팔짱을 끼고는 기영이와 새미를 보며 웃었다.

"어쭈. 끼리끼리 도와주네."

"뭐?"

기영이 목소리가 엄청나게 커져 교실을 쩌렁 울렸다.

"윽. 똥폰 만졌더니 냄새가 진동한다. 가서 손 씻고 와야겠다."

학철이는 도망치듯 잽싸게 교실을 빠져나갔다.

"저 자식이!"

기영이는 따라 나가서 담판을 지으려다가 참았다.

'저런 애랑은 싸우는 것도 아깝다.'

김학철 무리가 일으킨 소동이 가라앉을 무렵 정인이가 등교했다. 정인이는 자리에 앉자마자 얼굴을 잔뜩 찌푸렸다.

"이게 무슨 냄새야?"

기영이도 냄새를 맡았다. 어제보다 더 짙어진 냄새가 교실에 퍼졌다.

정말로 오래된 휴대폰에서는 구린내가 나는 걸까? 너무 바보 같은 생각이지만 어쩔 수 없었다. 도대체 이 냄새는 어디서 나는 걸까? 기영이는 얼굴을 찡그리며 주변을 둘러보았다. 5모둠 어딘가에서 나는 것은 틀림없었다.

누구일까? 기영이는 손을 들어 냄새를 맡아 보았다. 정체불명의 냄새는 자기에게도 옮겨올 것만 같았다.

"이게 무슨 냄새지?"

교실에 들어온 선생님이 얼굴을 찡그렸다.

아이들 눈이 모두 5모둠 쪽으로 몰렸다.

"창문 활짝 여세요."

선생님이 5모둠을 보며 말했고 모둠 아이들은 죄지은 것처럼 말없이 일어나 창문을 열었다.

"후, 후."

김학철이 숨을 토해 내며 짜증을 부렸다.


"애야. 너 거기 잠깐."

정인이가 막 승강기에 오를 때였다.

"너지?"

경비 아저씨는 정인이를 놓칠 세라 급하게 달려왔다.

정인이는 들켰다고 생각하니 겁이 덜컥 났다. 공고문을 처음 본 날부터 볼 때마다 계속 떼어 버렸기 때문이었다.

절대로 떼지 마시오!

두 번째 공고문부터는 빨간 글씨로 경고를 크게 써 놓았지만 정인이는 멈추지 않았다.

"너, 자꾸 장난칠래?"

아저씨가 정인이를 혼냈다.

"장난 아니에요."

정인이는 용기를 냈다.

"장난이 아니면 머드냐? 넌 떼고 난 붙이고, 숨바꼭질하는 것도 아니고."

겨울인데도 아저씨 이마에 땀이 맺혔다. 정인이는 아저씨에게 미안한 마음이 들었다. 아저씨는 정인이네가 이사 오던 첫날부터 무척 친절했다. 게다가 간식이 생기면 아이들을 불러서 골고루 나눠 주곤 했다.

"제 친구가 5단지 임대 아파트에 살아요."

"아, 그랬니."

아저씨가 정인이 말에 고개를 끄덕였다. 그 모습에 정인이는 용기가 났다.

"우리 집에 놀러 오기로 했는데 친구가 이걸 보면 속상하잖아요."

"그건 그렇다만."

아저씨도 고민했다. 사실, 공고문을 붙일 때마다 같은 아파트에 살면서 이렇게까지 해야 하나 속마음이 편치 않았다.

"아파트 대표 회의에서 그렇게 결정했어. 나도 어쩔 수 없는 일이야."

아저씨는 주변을 보더니 작게 속삭였다.

"떼어낼 때 씨씨티브이에 안 띄게 조심해라."

괴상한 일이었다.

5학년 5반 냄새는 날이 갈수록 사라지기는커녕 더 지독해져만 갔다. 대청소를 두 번이나 해도 소용없었다.

"정말 싫어. 우리 반 냄새."

하은이는 교실에 들어오자마자 울상을 지었다.

"우리 반 냄새가 아니라 오 모둠 냄새지."

지우가 코를 감싸고 코맹맹이 소리를 냈다.

"증거도 없잖아."

하은이는 5모둠 아이들이 들을까 봐 작게 말했다.

지우가 손으로 입을 가리며 속삭였다.

"그래도 저쪽에서 나는 건 확실하지."

그러더니 더 작은 소리로 하은이에게 말했다.

"분명히 한 명이 안 씻고 다닐 거야."

헉.

하은이는 놀라서 오 모둠 쪽을 보았다.

이렇게 지독한 냄새가 날 정도로 씻지 않고 다니는 애는 도대체 누구지?

3모둠과 4모둠이 멀리 떨어져 있는 바람에 5모둠은 반에서 섬처럼 보였다.

학철이가 처음에 임대와 판잣집이 모여 있으니까 냄새가 난다고 장난스럽게 했던 말이 이제는 진실로 받아들여졌다. 반 친구들은 '오 모둠의 저주'라고 불렀다.

그러기를 4일째 되던 날이었다.

정인이가 교실에 들어서자 그날따라 도저히 참을 수 없는 지독한 썩은 내가 진동했다. 정인이는 토할 것 같아 숨을 멈추었다.

"아, 진짜 이 냄새."

미연이가 짜증을 냈다. 학철이뿐만 아니었다. 교실에 들어오는 반 아이들이 모두 드러내 놓고 오 모둠 쪽을 보면서 화를 냈다. 오 모둠에는 현아와 새미가 앉아 있었다. 기영이는 오지 않았다.

"야, 오 모둠, 너희 좀 씻고 다녀."

이번에는 창규가 교실에 들어오자마자 화를 냈다.

"뭐? 왜 이게 우리 냄새야!"

현아가 벌떡 일어났다.

"나는 매일 씻는다고!"

때마침 등교한 김학철이 팔짱을 끼고는 눈을 가늘게 떴다.

"그래?"

김학철 눈이 오새미에게 멈추었다.

"너희 집에 욕실 없지?"

김학철 말에 반 아이들이 모두 새미를 보았다. 새미는 얼굴이 새빨개져서는 학철이를 노려보았다.

"왜 말을 못 하지?"

김학철이 고개를 갸웃했다.

지켜보는 하은이는 얼굴을 찡그렸다. 정말로 이 냄새는 오새미가 원인일까?

"그렇다면 범인은 너?"

김학철이 마치 탐정처럼 손가락으로 새미를 가리켰다.

"아니라고!"

새미는 벌떡 일어나 김학철을 밀었고, 책상과 의자들이 우당탕 요란하게 부딪치며 쓰러졌다. 그 사이 새미는 교실을 나가 버렸다.

"야, 판자. 너 거기 서."

넘어진 김학철이 엉덩이를 문지르며 소리 질렀다.

"그렇게 부르지 말라고 했지."

기영이가 교실 문에 들어서며 말했다.

"판자를 판자라 부르는데 왜, 임대야! 지각이나 하는 주제에."

"뭐! 다시 말해 봐."

기영이가 주먹을 불끈 쥐었다.

"와, 싸우겠다. 선생님한테 알려야지."

누군가 쪼르르 달려 나갔다. 기영이는 그대로 교실을 나가 버렸고, 수업이 끝날 때까지 돌아오지 않았다.

정인이는 수업이 끝나고 기영이 집으로 갔다.

기영이네 집은 아파트 단지 가장 끄트머리에 있었다. 가서 오늘 배운 내용들이랑 숙제를 알려주고, 또…….

5단지 301동에 거의 다 왔을 때 정인이는 충격적인 장면에 걸음을 멈추었다. 앞에 철조망이 보였기 때문이었다. 뾰족뾰족한 가시철조망으로 길을 막아 버렸다.

정인이는 화가 났다.

왜 자꾸 갈라놓으려는 거지?

아침에 학철이가 놀렸을 때 기영이가 평소보다 훨씬 더 화를 낸 이유를 이제야 알았다. 길을 막아 놨으니 기영이는 오던 길을 되돌아가 뱅뱅 돌아 학교에 왔을 것이다. 그 바람에 지각을 하고…….

정인이는 철조망 앞에서 기영이에게 전화를 했다.

"기영아, 나 지금 너희 집 앞에 왔어."

잠시 후 기영이가 뛰어나왔다. 정인이는 반가워서 두 팔을 흔들며 인사했다.

다음 날 기영이와 정인이는 나란히 등교했다.

정인이는 만약 오늘도 학철이가 기영이를 임대라고 놀리면 그냥 두지 않겠다고 마음을 다졌다.

그런데 교실 악취가 하루 사이에 더욱 심해져서 정인이는 방금까지 했던 생각을 까맣게 잊었다. 어찌나 독한지 머리가 아플 지경이었다.

하은이는 복도에서부터 코를 감싸고 교실에 들어왔다.

"도대체, 5반에 무슨 일입니까?"

악취는 3층 전체로 번져 나갔고 교감 선생님까지 찾아왔다.

"정말 이상한 일이네요."

담임 선생님이 고개를 저어 가며 말했다. 선생님은 냄새가 어디서 나는지 짐작조차 되지 않았다.

"5반 냄새가 확실하니까, 저희가 찾아내겠습니다."

"부탁합니다, 김 선생님."

교감 선생님이 가자마자 선생님과 5반 학생들은 냄새의 원인을 찾아 샅샅이 뒤졌다.

청소 도구함, 학급 문고, 구석구석 보이는 곳마다 모두 뒤졌고, 그 다음에는 책상 서랍과 사물함에 물건들을 몽땅 꺼냈다. 하지만 아무리 찾아도 냄새가 날 만한 것은 찾아내지 못했다.

"선생님, 여기."

그때 주연이가 잠겨 있는 사물함 하나를 손가락으로 가리켰다.

사물함은 총 30개였고, 반 인원은 29명.

주인 없는 사물함 하나가 굳게 닫혀 있었다.

수상했다.

더구나 그 사물함은 오 모둠 바로 뒤에 있었다.

선생님이 쪼그리고 앉아 조심스럽게 사물함 문을 열었다.

"으악!"

선생님은 반쯤 열다가 무엇인가를 발견하고는 화들짝 놀라 일어났다.

창규가 궁금함을 참지 못하고 잽싸게 다가가 사물함 문을 마저 활짝 열었다.

 순간 교실을 맴돌던 지독한 냄새가 한꺼번에 훅 끼쳐왔다. 사물함 바닥에 고여 있던 검은 물이 흘러내렸고 드디어 '그것'이 정체를 드러냈다.

 썩어 가는 쥐 사체.

 하은이는 머리털이 곤두섰고 비명을 지르며 도망쳤다. 금방이라도 썩은 쥐가 되살아나 자기를 붙잡으러 달려올 것만 같아 부들부들 떨렸다.

 "으아악!"

 아이들이 지르는 괴성은 점점 더 커졌다.

 "엄마야!"

 "으악!"

 아우성치며 아이들은 이리저리 흩어지거나 떼를 지어 도망 다녔다. 이윽고 선생님과 친구들은 사물함에서 가장 멀리 떨어진 교실 구석으로 몰렸다.

 "치워야 하는데."

 선생님마저도 무서운지 목소리가 떨렸다.

 하지만 누구도 썩은 쥐 사체 앞으로 나설 용기가 없었다.

얼마가 지났을까, 갑자기 현아가 한 발 앞으로 나섰다.

모두가 현아에게 집중했다.

'정말 용감하다.'

하은이는 현아가 대단해 보였다.

현아는 청소 도구함으로 가더니 빗자루와 쓰레받기를 꺼냈다.

하은이는 침을 꼴깍 삼켰다.

'이제 곧 저 쓰레받기에 죽은 쥐가…….'

하은이는 끔찍해서 고개를 돌렸다.

그런데 현아는 죽은 쥐 쪽으로 가지 않고 뒤돌아섰다. 그러더니 청소 도구를 쥔 채로 하은이와 친구들에게로 다가왔다.

'왜 이쪽으로 오는 거지?'

하은이 손에 땀이 났고, 동시에 '오 모둠 냄새'라는 말이 번개처럼 스쳤다.

하은이는 얼굴이 빨갛게 달아올랐다. 자신도 어느 순간부터 이 지독한 냄새가 5모둠 누군가에게서 난다고 여겼기 때문이었다.

현아는 하은이를 지나쳐 김학철 앞에 섰다. 김학철은 현아를 마주 보지 못하고 옆의 친구들을 보며 어색해했다.

현아는 한마디도 하지 않고 김학철에게 청소 도구를 내밀었다.

"왜, 이, 이걸?"

김학철이 당황했다.

"새미가 오지 않았잖아."

현아가 또박또박 말했다.

"그, 그런데, 그게 왜? 그게 나랑 무슨 상관이야."

김학철이 더듬거렸다.

"깨끗하게 치우고, 사과해."

현아에게 빗자루와 쓰레받기를 받은 김학철은 목까지 새빨갛게 달아올랐다. 김학철이 도와달라는 눈빛으로 주변을 보았다. 눈이 마주친 하은이와 다른 친구들은 슬금슬금 뒷걸음쳐 멀어졌다.

# 불법 사람

―
장세정

"아빠랑 난 불법 사람이야.
한국에서 지낼 수 있는 시간 넘겨서 병원 카드 못 만들어.
네팔에 갈 비행기 값도, 네팔에 가서 할 일도 없어.
병원 못 가도 우린 여기 살아야 해."

게시판에 축구 대회 결승전 대진표가 붙었다. 우르르 몰려 나갔던 아이들 틈에서 정호 목소리가 터져 나왔다.

"대박! 5반이랑 붙는다!"

세찬이는 올 것이 왔다고 생각했다.

"이번엔 윤수 자식 박살을 내자."

정호가 주먹을 불끈 쥐어 보였다.

"좋아! 그런데 만만한 놈이 아니잖아."

세찬이는 연습장을 꺼내 남자아이들 이름을 하나하나 적기 시작했다. 정호는 입을 가만두지 못했다.

"음, 쓰레기통을 뒤지고 있는 민재는 이번에도 골키퍼, 여자애들이랑 조잘대는 진영이는 왼쪽 수비, 오른쪽은 찬솔이에게 맡기고, 최전방 공격수는 아무래도 내가 맡아야 겠지? 흐흐……. 근데, 세찬아, 재도 같이 해?"

앞쪽에 앉아 있는 키란을 턱으로 가리키며 정호가 물었다.

"딱 봐도 못 뛰게 생겼는데, 빼 버릴까?"

정호가 키란 이름 위에 두 줄을 직직 그었다. 세찬이는 키란의 가느다란 목덜미를 쳐다봤다. 2학기가 시작되고 얼마 지나지 않아 키란은 6학년 3반에 입학했다. 까무잡잡한 얼굴에 커다란 눈을 가진 네팔 아이였다.

"키란이 학교와 친구들에게 잘 적응할 수 있도록 다들 많이 도와주기 바란다."

선생님은 틈만 나면 아이들에게 다짐을 받곤 했다. 처음에 아이들은 이것저것 물어도 보고 말도 건넸지만 곧 시들해지고 말았다. 키란은 쉬는 시간에 주로 공책을 꺼내 혼자 뭔가를 적곤 했다.

"반별 축구 대회잖아. 우리 반이면 다 같이 해야지."

세찬이는 그럴듯하게 말했지만 속으론 그냥 투명 인간처럼 세워 두면 된다고 생각했다.

지난봄 시합에선, 경기 종료 2분을 남겨 두고 5반 윤수에게 공을 뺏겨 골을 내주고 말았다. 자칭 축구 왕인 세찬이 체면이 말이 아니었다. 만날 때마다 으스대는 윤수 녀석 코를 이번엔 납작하게 해 주리라. 윤수의 태클에 발을 삐어 경기를 포기했던 정호도 단단히 벼르고 있었다.

"얘들아, 모여 봐. 축구 대회 위치 정하자."

세찬이가 의자 위로 올라서자, 아이들이 하나둘 다가 왔다.

"5반은 좀 어렵지 않냐?"

"골키퍼는 네가 해."

"난 이번엔 스트라이크 할래!"

"야야, 주제를 알아라!"

"공만 보면 엄마야 내빼는 짜식이 뭐래!"

왁자지껄한 소리들이 교실을 울렸다. 앞쪽에 오도카니 앉아 있던 키란은 아이들 쪽을 힐끗 쳐다보고는 일기장을 펼쳤다. 네팔어로 또박또박 일기를 적어 나갔다.


**9월 8일 수요일 비 오다 잠깐 햇빛**

학교에 온 지 일주일 째. 아직도 서먹서먹. 그래도 이주노동자 쉼터

와 학교 선생님들이 힘을 써서 어렵게 학교에 왔으니 불평하지 말 것.

이번 주에 하고 싶은 일은 친구 사귀기. 아빠랑 차우멘 만들어 먹기.

기억에 남는 일 : 강세찬이 날 자꾸 쳐다보는 것.

거기까지 적었을 때 누군가 키란을 불렀다. 돌아보니 세찬이가 손짓을 하고 있었다. 키란은 일기장을 얼른 덮고는 쭈뼛쭈뼛 아이들 틈으로 들어갔다.

결승전 날, 마침내 3반과 5반이 마주 섰다. 선생님이 교무실로 호루라기를 가지러 간 사이 정호가 세찬이 옆구리를 쿡 찔렀다.

"기 싸움에서 지면 끝장이야. 눈에 딱 힘주라고."

"너나 잘해, 다리 떨지 말고."

세찬이는 건들거리는 정호 다리를 살짝 차 주고는 고개를 빳빳이 들었다. 아이들은 저마다 상대편 앞에서 한껏 어깨와 가슴을 펴고 우쭐댔다.

세찬이 맞은편에 서 있던 키 큰 윤수가 코웃음을 쳤다

"뭐냐? 니네 반은 까만 콩도 축구하냐?"

순간 세찬이는 무슨 말인지 몰라 머뭇대며 주위를 둘러보았다. 아이들이 웅성대는 사이로 윤수가 키란을 보며 히죽거리고 있었다.

정호가 세찬이 귀에 대고 속삭였다.

"저 심술보 또 발동이다."

윤수가 이번엔 세찬이를 빤히 쳐다보았다. 속이 부글부글 끓었다. 세찬이도 눈에 쌍심지를 세웠다. 주먹을 움켜쥐는데 선생님이 달려오셨다.

"자, 다들 준비 됐지? 무자비한 태클은 바로 반칙이야. 명심해."

"네!"

"차렷! 서로 인사."

세찬이는 윤수랑 악수를 했다. 윤수가 세찬이 손을 꽉 쥐고 마구 흔들어 댔다.

"자~알 해 보자."

세찬이는 짜증이 솟구쳤다. 그런데 옆에서 듣고 있던 키란이 따박따박 대꾸했다.

"잘, 해, 보, 자."

윤수도 재수 없었지만, 무슨 뜻인지 이해도 못 하면서 웃고 있는 키란이 더 어이없었다.

'오늘 시합, 어쩐지 불길한데!'

그때였다.

"삑!"

호루라기 소리와 함께 공이 하늘 높이 솟구쳤다.

예상대로 5반 공격수인 윤수는 발이 빨랐다. 세찬이가 윤수 옆에 바짝 붙어 철저히 막았지만, 힘이 좋고 발기술이 뛰어난 윤수에게 쉽게 한 골을 내주고 말았다.

골을 내주자 3반은 술렁거렸다. 서로서로 화이팅을 외쳤고, 숨이 턱에 찰 때까지 공을 쫓아 뛰었지만 후반전에도 동점골을 만들지 못했다.

어쩐 일인지 정호와 세찬이도 호흡이 맞지 않았다. 이기려는 마음이 앞선 정호는 혼자서 무리한 슈팅을 날렸다. 세찬이가 패스를 외쳤지만, 길게 공을 몰다 상대편에게 뺏기거나 골대를 벗어나는 슈팅을 연거푸 때렸다.

"야, 최정호! 패스해! 혼자 축구 하냐?"

세찬이가 헉헉거리며 소리를 질렀다. 아이들은 이제 정호에게 공을 주지 않았다. 수비수들끼리 슬슬 공을 돌리기 시작했다. 골대 옆에서 키란이 이쪽저쪽 열심히 달리고 있었지만, 누구도 키란에게 공을 보내지 않았다.

아슬아슬하게 튕기던 공이 드디어 세찬이 발에 걸렸다. 실수 없이 단번에 찰 기회를 노려야 했다. 모처럼 공이 발에 착착 감겼다. 발기술을 이용해 공을 몰아갔다. 어느샌가 윤수가 달려와 깊숙이 태클을 시도했다. 지난번 시합에서와 같은 실수를 하지 않으려고 세찬이는 재빨리 공을 뒤로 걷어냈다. 뒤에 있던 녀석들이 무사히 받아 주길 바랐지만, 그만 키란의 가는 다리에 공이 틱 걸리고 말았다.

'앗!'

가슴이 철렁했다. 공을 되찾으려는 마음에 세찬이는 키란 쪽으로 몸을 날렸다. 윤수도 살쾡이처럼 사뿐히 키란 쪽으로 다가들고 있었다.

그때 키란이 골대를 향해 돌아섰다. 골대 근처에 있던 정호가 악을 썼다.

"야, 네팔! 이리 패스, 패스해!"

말이 채 끝나기도 전에 공은 이미 하늘로 떠올랐고, 골대 오른

쪽의 빈 공간을 향해 정확히 날아가 꽂혔다.

출렁~

그물이 춤을 추었다.

"꼴! 꼴! 꼴!"

아이들이 키란에게 달려들었다. 한 덩이가 되어 팔짝팔짝 뛰었다. 키란의 하얀 이가 빛났다. 세찬이도 달려가 찰싹 엉겨 붙었다.

**9월 10일 금요일 햇빛 쨍쨍**

우리 반이 이겼다. 2대 1로.

내가 첫 골을 넣었을 때 놀라운 일이 벌어졌다. 친구들이 나에게 달려들었던 거다. 경기가 끝나기 직전 세찬이가 한 골을 더 넣었다. 세찬이는 다시 봤다는 듯 내 어깨를 두드리며 엄지를 치켜세웠다. 집에 오는 길엔 이야기도 나눴다. 아빠는 내가 신이 나서 자랑하자 오랜만에 활짝 웃었다. 아빠가 만들어 준 차우멘은 꼬들꼬들했지만 맛있었다. 그런데 아빠가 점점 말라간다. 아빠는 새벽부터 밤까지 일하느라 제대로 쉬지도 못한다. 아빠는 언제쯤 실컷 자 보나. 지금도 저녁을 먹자마자 피곤하다며 곯아떨어졌다.

'점심시간도 얼마 안 남았는데 배가 아플 게 뭐람!'

아이들이랑 운동장에서 놀다 말고 세찬이는 화장실로 뛰었다. 바지를 내리자마자 우다다다 똥을 쏟아냈다. 며칠 째 기분이 좋아서인지 똥도 잘 나왔다.

세찬이는 변기에 앉아 짜릿한 승리의 순간을 곱씹어 보았다. 생각지도 못한 키란의 동점골로 3반은 단비를 만난 것처럼 펄펄 살아났다. 역전골을 향한 발 빠른 공격이 시작되었던 것이다. 다급해진 윤수가 3반 아이들을 상대로 태클을 걸었지만 그때마다 선생님의 호루라기가 울었다. 벼르고 있던 정호가 결국 윤수의 태클을 이용해 패널티킥을 얻어내는 데까지 성공했다.

'그 다음은 크크크, 뻥! 으, 시원하다! 바로 이 몸이 멋지게 장식했다는 거!'

골기퍼와 일대일 대결을 펼쳐야 하는 숨 막히는 순간! 세찬이는 숨을 크게 들이마신 뒤 오직 한 곳을 생각하며 공을 띄웠다. 골키퍼를 속인 공이 상대팀의 골대 속으로 그림처럼 내리꽂힐 줄이야!

'정말 숨이 멎는 줄 알았어. 히히! 아우, 생각만 해도 소름! 윤수 자식, 얼굴이 일그러지는 걸 보는데 어찌나 고소한지, 이히히!

꿍!'

그날 키란은 세찬이가 생각했던 거랑은 딴판이었다. 열심히 뛰고 골 결정력도 장난 아니었다. 호기심이 생긴 세찬이는 축구 경기가 끝나고 집에 가는 길에 말도 붙여 봤다.

"키란, 축구 어디서 배웠어?"

키란은 배시시 웃었다.

"네팔에서…… 고무공 차."

한국말도 곧잘 했다.

"고무공으로? 대단한데!"

"우리 아빠 축구 가르쳐 줘."

"이야, 부럽다!"

키란이 손을 내저었다.

"지금은 아빠 너무 바빠. 공장, 집, 공장, 집, 일, 잠, 일, 잠! 쉼터에서 로이 형이랑 가끔 차."

"동생이나 다른 가족들은?"

키란이 발밑을 내려다보며 조곤조곤 들려준 얘기들도 떠올랐다.

"우리 엄마…… 홍수 때문에 하늘나라 갔어. 마을도 우리 집도 사라졌어. 그래서 아빠 한국 왔어. 할머니랑 살다 할머니도 하늘 나라 가서…… 나 한국 왔어."

지금은 혼자서 밥해 먹는 게 제일 어렵다고, 그래도 김치찌개랑 라면을 최고로 잘 끓인다며 키란은 멋쩍게 웃었다. 한국에 온 뒤엔 혼자 리프팅을 연습하고, 벽과 공을 주고받았다고도 했다.

세찬이는 거기까지 듣다가 괜히 앞에 있던 돌멩이를 툭 걷어찼던 것도 생각났다.

"에이! 이제부터 우리랑 축구 실컷 하면 되지, 뭐!"

"응. 지금 좋아. 학교도, 친구들도, 축구도."

키란은 신발주머니를 한 바퀴 씽 돌리고는 "잘 가!" 하고 인사했었다.

세찬이는 그때 친구 목록에 키란을 올려야겠다고 단번에 마음먹었다. 축구를 잘하고 못하고는 세찬이가 친구를 가르는 비밀스런 기준이었다.

"끙!"

이제 속이 완전 시원해졌다. 물을 내리고 바지를 올리는데 갑자기 밖이 시끌시끌했다.

"왜, 왜 다리 걸어?"

어눌한 목소리, 키란 같았다. 세찬이는 문에 바짝 귀를 갖다 댔다.

"네가 공을 엄청 잘 차서 내 발도 샥샥 피할 줄 알았지."

비아냥거리는 목소리는 밥맛없는 윤수 같았다.

"나 갈래!"

키란이 새된 소리를 냈다.

"야, 문 닫아."

윤수가 명령하자 우당탕탕 하는 소리가 났다. 아이들이 화장실 문을 잠그는 모양이었다. 세찬이는 조용히 변기 뚜껑을 닫고 그 위에 올라앉았다.

아이들이 한마디씩 거들었다.

"세팔인지 네팔인지 너 한 번만 더 축구 한다고 까불면 안 봐준다! 확!"

"너 때문에 우리 반이 졌잖아. 니네 나라로 얼른 꺼져 줄래?"

"맞고 조용히 살래? 그냥 조용히 살래?"

아이들이 무언가를 툭툭 치는 소리가 났다. 키란이 울음 섞인 신음 소리를 냈다.

쪼그려 앉은 세찬이 다리가 저려 왔다.

"야, 야, 살살해. 상처 나면 곤란하잖아. 학교 안인데."

윤수가 낮고 강하게 말했다.

'비겁한 놈!'

저리다 못해 다리는 점점 아파 왔다.

윤수 짜식, 반칙 정도는 우습게 여긴다는 건 알고 있었다. 하지만 머리를 굴려가며 사람을 괴롭힐 줄은 몰랐다. 세찬이는 문 손잡이를 꽉 움켜잡았다. 당장 문을 열고 나가 윤수 뒤통수를 빡 후려쳤다, 상상으로만!

그러다가 슬며시 손잡이를 놓고 말았다. 사방에 적들이 너무 많았다. 아니, 무엇보다 괜히 편들었다가 키란이랑 같은 취급을 당하는 건 억울한 일이었다. 더 정확히는 직접 나서서 모험을 할 이유가 아직 없다는 것이다. 그런 생각을 하면서 세찬이는 아까 떠올린 친구 목록을 재빨리 구겨서 마음 깊은 곳에 쑤셔 넣었다. 온몸이 쑤셨지만 코에 침을 묻혀 가며 숨을 죽였다.

마침 5교시를 알리는 종이 울렸다. 수업 시작 종이 반가운 건 처음이었다. 아이들이 후다닥 화장실을 뛰쳐나가자, 변기에서 내려와 화장실을 나가는 키란을 문틈으로 엿보았다. 괜찮은 친구 목록 같은 건 언제든 또 만들면 된다고 세찬이는 웅얼거렸다.

다음 날 아침 세찬이는 기분이 별로였다. 교실로 들어오는 키란이랑 눈이 마주쳤지만 못 본 척했다. 어눌한 말투도 그렇고 까무잡잡한 얼굴도 그렇고 무엇보다 아무 때나 아무데서나 싱글거리는 표정이 못마땅했다. 그냥 그랬다.

다리를 저는 키란을 보자 선생님이 이것저것 물어보는 눈치였다. 하지만 키란은 속시원하게 대답하지 않았다.

"어제 키란에게 무슨 일 있었는지 아는 사람?"

선생님의 걱정스런 눈과 마주쳤지만 세찬이는 괜히 가방 속만 뒤적거렸다.

쉬는 시간 내내 키란은 축구하는 아이들 속에 끼지 못하고 등나무 아래 벤치에 앉아 있었다. 교실로 들어갈 때는 절뚝거리는 다리가 눈에 띄었다. 세찬이가 그 모습을 흘깃거렸다.

학교가 끝났는데도 키란은 집에 안 가고 아이들 노는 모습을 빤히 지켜보고 있었다. 까만 눈동자가 축구공만 쫓아다녔다. 축구를 좋아하는 녀석의 마음이 얼마나 답답할지 세찬이는 짐작이 갔다.

벤치 쪽으로 날아간 공을 주우러 갔다가, 세찬이는 키란 옆으로 다가갔다. 공을 운동장으로 굴려 주고는 지나가듯 슬쩍 물었다.

"야, 발 많이 아파?"

키란이 앉은 채로 올려다봤다.

"으응, 디디면 좀."

키란이 바짓가랑이를 접어 올렸다. 복숭아뼈 근처가 발갛게 부어 있었다.

순간 화장실 사건이 떠올라 세찬이는 혼잣말을 쏟아냈다.

"그러니까 조심 좀 하지. 그 자식들을 그냥……."

키란이 빤히 쳐다보자 얼른 딴소리를 했다.

"아니, 많이 다쳤다고, 아프겠다고, 병원 가야겠네!"

키란의 까만 눈동자가 잠시 흔들렸다.

"병원?"

"그래, 병원."

키란이 바닥에 떨어진 나뭇가지를 주워 멀리 던지며 괜찮다고 했다. 그리곤 담담히 말했다.

"난 병원 안 돼."

"왜?"

"병원 카드 없어."

병원 카드? 아, 의료 보험!

"만들면 되잖아."

머뭇거리던 키란이 주위를 한 번 둘러보곤 말했다.

"아빠랑 난 불법 사람이야. 한국에서 지낼 수 있는 시간 넘겨서 병원 카드 못 만들어. 네팔에 갈 비행기 값도, 네팔에 가서 할 일도 없어. 병원 못 가도 우린 여기 살아야 해."

키란이 쏟아내는 말들이 낯설었다.

"불법 사람? 뭐, 잘못한 거야?"

"우리 나쁜 짓 안 해. 그냥 한국에 살아서 나쁜 거래."

키란이 힘없이 대답했다.

'잘못을 해서 법을 어기는 건 알겠는데, 사람 자체도 불법이 될 수 있는 걸까?'

세찬이는 무거운 마음이 되어 키란 옆에 앉았다. 부어오른 복숭아뼈에 또 눈이 갔다.

"내가 아는 병원 있는데…… 같이 갈래?"

저도 모르게 튀어나온 말이었다.

"우리 아빠 배 만드는 곳에서 일하다 높은 데서 떨어졌어. 회사에서 조금 치료해 주고 그만했어. 병원 카드 없어서 돈 없어서 아빠는 한국 병원 못 가. 나도 못 가. 아파도 참아. 우리는 잘 참아.”

키란이 부은 발목을 어루만졌다. 돌덩이라도 얹힌 것처럼 세찬이 가슴이 답답했다. 키란이 고개를 저을수록 병원에 꼭 데려가야겠다는 생각이 들었다. 화장실 문을 못 열었으니, 병원 문이라도 열어 주고 싶은 걸까? 제 마음이 무슨 마음인지는 잘 모르겠지만 주머니 속 용돈을 떠올리며 세찬이는 결정타를 날렸다.

“우리 엄마가 그러는데 발목은 한 번 삐면 계속 삔대. 그럼 너 앞으로 축구 못 할 수도 있어. 영원히~”

'영원히'에 힘을 주었다. 그 말에 키란이 겁을 먹는 것 같았다. 울음이라도 터질 것처럼 얼굴이 일그러졌.

'너무 심했나? 엄마가 한 말에 내 생각을 조금 보탰으니 완전 틀린 말은 아니지, 뭐.'

내친 김에 세찬이는 냉큼 일어났다.

“학교 바로 앞이니까 가 보자, 빨리! 의사 선생님 나랑 잘 알아. 엄청 친절하셔서.”

세찬이는 제 가방과 키란 가방을 집어 들고 앞장을 섰다. 키란은 따라 일어서려다 비틀댔다. 세찬이는 얼른 돌아서서 손을 잡아 주었다. 정호 손보다 조금 작고 마른 손이었다. 둘은 천천히 운동장을 가로질러 병원에 도착했다.

 오늘따라 간호사 누나가 세찬이 얼굴을 빤히 쳐다보는 것 같았다. 어디가 아프냐고 물어서 세찬이는 다리를 삐었다고 얼버무렸다. 절뚝거리는 시늉을 하며 돌아와 자리에 앉는데 가슴이 쿵쾅거렸다. 키란을 데려오긴 했지만 어떻게 치료를 받게 할지 고민이었다.

 환자가 거의 없어 금방 차례가 되었다. 세찬이는 키란과 함께 벌떡 일어섰다.

 "세찬아, 친구는 왜 들어가니?"

 간호사 누나가 이상하다는 듯 물었다.

 "아, 그게요, 그러니까, 아, 얘가 제 보호자예요. 일일 보호자. 헤! 같이 가야 마음이 편해서요. 괜찮죠? 그럼."

 둘은 얼른 진료실 문을 열고 들어갔다. 키란은 남은 의자에 앉고 세찬이가 먼저 진료를 받았다. 의사 선생님이 다리를 이리저리 만져 보셨다.

 "별로 붓진 않았구나. 다행히 많이 다친 것 같진 않다."

 "아, 그래요? 근데 걸을 때마다 무지 아프고 절뚝거려요. 빨리 낫는 약 필요해요."

"알겠다. 많이 걷거나 뛰는 건 당분간 안 돼."

세찬이는 큰 소리로 대답을 하고는 조심스레 의사 선생님을 불렀다.

"저, 선생님. 근데요."

"응?"

의사 선생님이 빤히 세찬이를 쳐다봤다.

세찬이는 키란을 한 번 돌아본 뒤 용기를 냈다.

"제 친구도 저랑 똑같이 다쳤거든요. 한번 봐 주시면 안 돼요? 멀리 살아서 의료보험증을 못 가져왔어요."

선생님은 별일 아니라는 얼굴로 빠르게 말했다.

"보험증 없어도 돼. 이름이랑 생년월일만 대면……."

그러면서 키란의 의자를 끌어당겼다. 의사 선생님 눈길을 느낀 키란이 고개를 떨구며 손톱을 물었다.

"보험증 못 만들어요."

세찬이가 개미 소리만 하게 말하자 의사 선생님은 다시 한 번 키란을 훑어보았다. 키란의 까무잡잡한 얼굴이 햇빛에 덴 것처럼 달아올랐다.

잠시 후 한숨 소리와 함께 의사 선생님은 키란의 의자를 밀어냈다.

"미안하지만, 진료는 어렵겠구나. 그만 가 보렴."

의사 선생님은 호출기 쪽으로 얼굴을 돌렸다.

"간호사, 다음 환자."

눈길을 거둬 책상 위 서류를 만지작거리는 의사 선생님을 보면서 세찬이는 가슴이 싸했다. 늘 친절하게 맞아 주던 그분이 맞나 싶었다.

문이 열리고 간호사 누나가 서 있었다. 둘은 엉거주춤 일어나 진료실을 나왔다.

잠시 후 진료실에 들어갔던 간호사 누나도 뒤따라 나왔다.

"세찬아, 보험증이 없으면 의료 혜택을 받을 수 없는 거야. 치료비가 많이 나오거든. 네 친구는 많이 다쳐서 깁스도 해야 해. 치료를 받고 싶으면 어른을 모시고 오렴."

"치료비 어, 얼마나 드는데요?"

세찬이는 더듬거리며 꼬깃꼬깃 접힌 지폐 몇 장을 주머니 속에서 꺼내 보였다.

간호사 누나가 천천히 고개를 가로저었다.

"그 정도로는 어림도 없어. 더 큰돈이 필요해. 너희들 사정은 안됐지만 어쩔 수가 없구나."

세찬이는 울상이 되어 키란을 바라보았다. 키란이 억지로 웃어 보이며 세찬이 손목을 가만히 제 쪽으로 당겼다.

둘은 몸을 꼭 붙이고 병원을 돌아 나왔다. 들어갈 때처럼 나올 때도 키란은 여전히 절뚝거렸다. 세찬이가 어깨를 목발처럼 받치자 키란이 힘을 빼고 천천히 세찬이에게 기대었다. 깃털처럼 가볍고 조그마한 몸이었다.

세찬이는 키란의 어깨를 꽉 그러안으며 말했다.

"키란, 조금만 참아. 요 밑에 약국 가서 약 사자. 잘 낫는 약 내가 알아."

팔에 힘을 주며 약국 쪽으로 키란을 잡아끌었다.

키란이 세찬이 손을 살며시 밀어냈다.

"고마워, 세찬. 난 몇 날 지나면 괜찮아. 전에 더 많이 아팠을 때도 참으니 좋아졌어. 그만 갈게."

키란이 몸을 돌려 골목 안으로 걸어 들어갔다. 절. 뚝. 절. 뚝. 작아지고 작아져 마침내 사라져 버릴 것처럼 멀어지고 있었다.

"키란!"

세찬이 목소리를 삼켜버리듯 주머니 속에서 징 하고 휴대폰이 울었다. 학원 수업이 시작되었다는 메시지였다. 세찬이가 눈을 들었을 때 골목은 텅 비어 있었다.

키란이 쉼터에 들어섰다. 좀 어수선했다. 사람들이 바삐 오가고 있었고 늘 상냥하게 반겨 주던 쉼터 선생님은 고개만 까딱했다. 한글 동화 공부를 시작하려면 시간이 좀 남아서 키란은 피아노 뚜껑을 열었다.

그때 두런거리는 소리 사이로 '로이'라는 말이 들렸다. 키란은 혹시 로이 형이 왔나 싶어 사무실을 살폈다. 형은 보이지 않았다. 대신 쉼터 선생님이 다가와 키란의 어깨를 꼭 감쌌다. 이상한 기분이 들어 키란은 저도 모르게 몸을 옹송그렸다. 뒤이어 아빠와 몇몇 아저씨들이 쉼터 문을 열고 들어왔다.

'오늘이 일요일인가?'

순간 키란은 반갑기도 하고 불안하기도 했다.

"아빠."

키란이 피아노 의자를 밀어냈다.

"키란, 집에 가 있어. 아빠 병원 좀 갔다가 올게."

"병원? 왜?"

그렇게 묻는 순간 키란은 병원에 있는 사람이 로이 형인 걸 알아챘다.

"나도 갈래. 로이 형 다쳤지. 그치?"

키란은 저도 몰래 몸을 떨었다. 아빠가 키란을 꼭 안아주었다.

"그래, 로이가 다쳤다. 독한 가스를 많이 마셔서 위험해졌어. 얼굴만이라도 보고 오려고 아빠도 사장님께 사정해서 겨우 나온 거야. 같이 가자꾸나. 조심해서 갔다 와야 하는 거 알지?"

키란은 소맷부리로 눈물을 닦고는 고개를 끄덕였다.

아저씨들과 아빠는 약도를 찾아 들고 쉼터를 나왔다. 키란은 다리 다친 걸 티내지 않으려고 애썼다. 버스와 전철을 여러 번 갈아타고 간신히 병원에 도착했다. 병원 입구로 들어가려던 아빠가 멈칫했다.

"아빠, 왜?"

"저기 경찰이 있어."

그 소리가 끝나기가 무섭게 아저씨들이 몸을 돌려 골목으로 뛰었다. 키란과 아빠도 몸을 숙이고 물러나왔다. 얼른 골목 안으로 몸을 숨겼다. 아저씨들은 이미 달아나고 없었다.

"아빠, 어쩌지?"

"불쌍한 로이, 마지막 얼굴도 못 보게 생겼어."

"아빠, 그런데 저 사람 진짜 경찰 맞아?"

키란은 병원 입구에서 빨간 봉을 들고 서 있는 사람을 가리켰다.

"전에 동료들 끌려갈 때 저런 방망이 든 사람들이 마구 때리는 거 똑똑히 봤어."

키란은 경찰들이 입는 옷 같기도 하고 아닌 것 같기도 했지만 일단 달아나야 한다고 생각했다. 아빠와 키란은 빠른 걸음으로 왔던 길을 되짚어 갔다. 그제야 키란이 절뚝거리는 걸 본 아빠가 눈을 크게 떴다. 키란은 엄지를 세워 입술에 대면서 아빠 손을 끌었다. 로이가 누워 있다는 7층을 자꾸만 돌아보면서.

**9월 14일 목요일 흐림**

로이 형이 다쳤다. 다시 못 볼까 봐 무섭다. 형은 한국에서 만난 유일한 내 네팔 친구다. 얼마 전에도 쉼터에서 형을 만났다. 그날 난 한글동화책읽기 수업을 듣는 둥 마는 둥 하다가 잽싸게 빠져나왔다. 형은 새 직장으로 가게 되면 자주 보기 힘들 거라면서 내 머리카락을 괜히 흩어 놓았다. 다른 사람이 그랬으면 화를 벌컥 냈겠지만 로이 형이라서 참았다.

그날도 형은 피아노 앞에 앉았다. 형은 네팔에 있을 때 선교사들한테서 피아노를 배웠다. 돈을 많이 벌면 네팔로 돌아가 가족들 앞에서 연주를 하고 싶다고 했다. 형은 사가르마타\*를 연주했다. 그럴 때 형은 멋지다. 나는 옆에 앉아 조용히 따라 불렀다. 형이랑 노래하면 말을 못 해서 답답했던 가슴에 숨구멍이 송송 뚫리는 것 같다. 날마다 보던 에베레스트의 눈 덮인 지붕도 선명히 떠오른다. 지난여름 홍수에 하늘나라로 간 엄마도 사가르마타를 좋아했다.

형은 그날도 피아노를 가르쳐 주었다.

"키란, 이거 어렵지 않으니까 이젠 외워서 쳐 봐."

"못 해."

"할 수 있어. 전에 가르쳐 준 대로 해 봐."

형이 가르쳐 준 대로 한 음 한 음 건반을 눌렀지만 소리는 자꾸 끊겼다. 그래도 형은 내 음에 맞추어 사가르마타를 근사하게 불러 주었다.

로이 형, 꼭 돌아올 거지?

\*사가르마타: 에베레스트의 산스크리스트어(하늘 이마, 하늘의 여신이라는 뜻)

키란이 이틀째 결석했다. 그저께 키란은 학교에 왔다가 몸이 안 좋아 조퇴를 했다. 주섬주섬 가방을 챙겨서 교실을 나가던 모습이 세찬이 눈에 어른거렸다. 아이들이 집으로 돌아간 빈 교실에서 축구공을 가방에 넣은 뒤 괜히 키란 자리를 어슬렁거렸다. 그러다 책상 속에서 비집고 나온 공책 한 권을 발견했다.

'칠칠맞지 못하게시리!'

세찬이는 공책을 옆구리에 끼고 교실을 나왔다. 대낮인데 소나기라도 쏟아질 것처럼 하늘이 잔뜩 흐려 있었다.

'근데, 집을 모르잖아.'

세찬이는 지난번 키란이 사라졌던 골목을 따라 무작정 걸었다. 편의점을 지나고 약국을 지났다. 분식집을 지나 오르막이 시작되는 벚나무 길을 천천히 걷다 바위에 걸터앉았다. 공책이 옆구리에서 미끄러졌다. 세찬이는 호기심에 슬쩍 펼쳐 들었다. 날짜가 적혀 있는 걸 보니 일기 같았다. 앞부분은 지렁이가 서 있거나 옆으로 기어가는 것 같은 글자가 빼곡했다. 네팔어 같았다. 중간중간 한글이 쓰여 있었다. 세찬이는 설렁설렁 일기장을 넘겼다. 뒤로 갈수록 한글이 더 자주 나타났다. 축구 경기에서 이긴 날 일기엔 또렷하게 강세찬이라는 이름이 적혀 있었다.

"짜식!"

기분이 나쁘진 않았다. '축구'라는 단어와 '골'이라는 단어도 선명했다. 그 아래엔 경기하는 그림도 그려져 있었다. 엄청나게 큰 다리로 공을 차 넣고 있는 자기 모습을 자랑스럽게 그려놓았다. 세찬이는 저도 몰래 쿡쿡 웃음이 났다. 그림 솜씨는 정말 짱이었다. 키란이 알면 싫어하겠지만 일기를 훔쳐보는 재미가 쏠쏠했다. 그러다가 어느 순간 세찬이는 알게 되었다. 일기장에 가장 많이 나오는 한글 이름이 바로 강세찬 세 글자라는 것을. 코끝을 들어 올려 비 냄새를 품은 바람을 훅 들이켰다. 어쩐지 가슴이 말랑말랑해지는 느낌이었다.

마지막으로 쓴 일기는 학교를 빠진 전날 쓴 것이었다. 대부분 한글로 쓰여 있는 짧은 글이었다.

> 9월 18일 월요일 천둥과 벼락
> 로이 형이 떠났다. 하늘나라로.
> 형은 이제 엄마랑 사가르마타에 있겠지.
> 그래도 형은 영원히 내 친구다.
> 나는 형이 가르쳐 준 노래를 멈추지 않을 거다.

세찬이는 '로이'라는 이름을 되뇌어 보았다. 일기장을 덮자 어디선가 음악 소리가 들리는 듯했다. 세찬이는 잘못 들었나 싶어 주위를 휘 둘러보았다. 그러고 보니 이주노동자 쉼터가 가까이 있었다. 음악 소리는 거기서 흘러나왔다. 조심스레 쉼터로 들어섰다. 마당을 지나 희미한 불빛이 새어나오는 유리문을 가만히 밀었다. 서류 더미가 쌓인 책상에 여자 어른이 앉아 무언가를 뒤적이고 있었다. 구석의 낡은 피아노 앞에는 키란이 앉아 있었다. 뒷모습이 앞모습보다 또렷할 수도 있구나 하고 세찬이는 생각했다. 서툰 피아노 소리, 끊어질 듯 끊어질 듯하면서도 이어지는 노래에 세찬이 가슴이 저릿했다. 세찬이는 지금 키란에게 아무것도 해 줄 수 없다. 그래도 키란만 좋다면 말하고 싶었다.

'키란, 우리 마당에 나가 한바탕 공차기 할래? 비 오면 비 오는 하늘에다 대고 둘이서 뻥뻥! 어때?'

한 걸음 키란 곁으로 다가서자 키란의 노랫소리가 세찬이를 감쌌다.

**사가르마타**

땅에만 바다가 있는 건 아니지
고이기만 한다면
출렁이기만 한다면
어디나 바다

땅에만 바다가 있는 건 아니지
구름이 고이는
그리움이 출렁이는
여기는 하늘 바다

사가르마타
사가르마타

작가의 말

## 남에게 공감할 줄 알아야 행복해져요!

　우리는 누구나 존중 받기를 바랍니다. 그런데 소중한 대우는커녕 벌레 취급을 당한다면 기분이 어떨까요?
　요즘 우리 사회에는 이해하지 못하거나 이해하고 싶지 않은 상대에게 'ㅇㅇ충, ××충' 하고 이름 붙여 비웃는 일들이 꽤 많습니다. 조금만 마음에 들지 않으면 바로 무슨 무슨 벌레라고 몰아붙이는 거지요.
　우리 친구들 가운데도 이런 말들을 따라 하는 경우가 종종 있습니다. 이런 말들은 얼핏 장난처럼 들리기도 하지만 사실은 엄청난 미움을 담은 말들입니다. 상대를 벌레로 여길 만큼 싫어하는, 강한 혐오감을 품은 말이니까요.
　이런 미움의 상대는 대개 약자들입니다. 세상에서 제일 비열한 사람은 자신보다 약한 이들을 공격하고 아프게 하고, 그걸 보면서 으스대고 즐거워하는 사람일 겁니다. 자신이 무시당하거나 놀림 받거나 제대로 인정받지 못한 억울함을 약한 이들에게 그대로 분풀

이하는 경우도 마찬가지고요.

　몸에 가하는 폭력도 나쁘고 결코 하면 안 되지만, 마음에 가하는 폭력도 다르지 않습니다. 살아가는 힘이 마음에서 나오는데 그걸 망가뜨려 힘을 못 쓰게 하는 것이기에 정말 나쁠 수 있습니다. 마음의 상처는 쉽게 아물지 않을 테니까요.

　그렇게 약자의 마음을 짓밟는 말들, 태도들, 함부로 공격하고 상처 주는 행동들……. 이런 채로는 사회 구성원 누구도 사실 행복할 수 없습니다. 우리는 모두 서로 연결되어 있는 존재들이기 때문입니다. 우리가 바라는 평화로운 삶과 행복을 누릴 권리를 빼앗기는 겁니다. 서로를 증오하고 차별하는 사회에서는 인권도 민주주의도 움츠러들 수밖에 없습니다.

　약한 것은 부끄러운 일이 아닙니다. 도움이 필요할 때 떳떳이 말할 수 있어야 하고 기꺼이 도와야 옳죠. 그런데 우리는 이런 생각이 아직 많이 부족합니다. 경쟁이 너무 심한 가운데 미래를 불안해

하는 환경이다 보니 남을 생각하며 더불어 함께할 마음을 미처 갖지 못했기 때문입니다.

하지만 다른 이의 처지를 생각하고 이해할 수 있는 공감 능력이야말로 미래 사회를 살아갈 이들에게 정말로 필요한 자격 요건일 겁니다. 좋은 세상을 만들고 이끌어 가려면 이러한 공감 능력에서 비롯한 상상력이 반드시 밑바탕이 되어야 하니까요.

평소에 겪거나 생각해 보지 않으면 잘 알 수 없는 일들이 있습니다. 우리도 무심코 남을 차별하고 공격하는 말과 행동을 할 수 있습니다. 그러지 않도록 미리 배워 두고 생각해 보면 좋겠습니다. '아, 이건 하면 안 되는구나.' 하고 말이죠.

또한 우리가 이런 식으로 남을 대해도 안 되겠지만, 누군가에게 이렇게 공격당할 때는 어떻게 해야 할지도 생각해 보면 좋겠습니다. 그리고 만약 그런 일이 생긴다면 믿을 수 있는 어른들과 선생님, 가족, 친구들에게 꼭 도움을 청하길 바랍니다. 우리가 당당히 맞서고 올바르게 헤쳐 간다면 세상은 한결 좋아질 겁니다.

    마음을 아프게 만드는 혐오와 차별들이 사라지기를 바라며 머리를 맞대 보았습니다. 다섯 편의 동화에 담긴 친구들 목소리를 기억해 주세요.

혐오와 차별을 반대하는 다섯 작가를 대표해
2018년 봄, 임어진 씀

# 햇살 어린이

눈부신 햇살처럼 곧게 펼쳐질 어린이의 미래를 위해
〈햇살어린이〉는 책 읽는 재미와 책을 통해 성장하는 기쁨을 드립니다.

19 **감정조절기 하트**  김보름 창작동화 김중석 그림
   2014년 한국출판문화산업진흥원 추천도서

20 **외계인 전학생 마리**  이진하 창작동화, 정문주 그림
   2014년 세종도서 문학나눔 선정도서

25 **세상일 공자는 없더라**  윤기현 동화집, 정가애 그림
   2015년 세종도서 문학나눔 선정도서

35 **우는 수탉과 웃는 암탉**  배익천 창작동화, 곽윤환 그림
   2016년 세종도서 문학나눔 선정도서

39 **세타 스쿨**  김보름 창작동화
   2016년 세종도서 문학나눔 선정도서

44 **하늘연못의 비밀**  현정란 창작동화 곽윤환 그림
   2017년 세종도서 문학나눔 선정도서

22 **잃어버린 얼굴을 찾아서**  루이스 새커 동화

24 **괴테 환상 동화**  요한 볼프강 폰 괴테 동화, 김송이 그림

27 **언젠가 앤젤린은**  루이스 새커 동화, 강지연 그림

29 **바이러스 국가**  장광균 창작동화

30 **생각 아바타**  김보름 창작동화, 조에스더 그림

31 **메타세쿼이아 숲으로**  박형권 창작동화

32 **은하철도의 밤**  미야자와 겐지 동화, 고상미 그림

33 **브릴리언트**  로디 도일 동화, 크리스 저지 그림

37 **오스카 와일드 대표 동화집**  오스카 와일드 동화, 강지연 그림

41 **이름 없는 아이들**  카시미라 세트 동화

42 **나무삼촌을 위하여**  박형권 창작동화

46 **미확인 바이러스**  이라야 창작동화, 고담 그림

47 **성장관리부**  김보름 창작동화

48 **아빠의 깡통 집**  김송순 창작동화, 유연경 그림

49 **안녕, 남극성**  김일옥 창작동화, 박현주 그림

50 **화성 소년 장비**  이창숙 창작동화, 신슬기 그림

51 **매미의 집중**  윤선아 창작동화, 김주리 그림